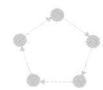

오행경영론

우리에게 경영학은 있는가
동양적 경영학에 대한 창의적 모색

소프트전략경영연구원

오행경영론 : 우리에게 경영학은 있는가

– 동양적 경영학에 대한 창의적 모색

초판발행일 | 2011년 6월 9일

발행처 | 소프트전략경영연구원   발행인 | 박동준
등록일 | 1993년 2월 10일   등록번호 | 제22-146호
교정·교열 | 이정미   디자인 | 초록우체통
본문 편집 | 박가애
주소 | 서울시 마포구 용강동 469 하나빌딩 3층 한결미디어 출판 컴플렉스
전화번호 | (02)3436-3030   팩스 | (02)3436-5656
웹사이트 | www.aiasm.com

ⓒ 2011 전성현, Juhn, Sunghyun, Printed in Korea

ISBN 978-89-7736-127-0

우리에게 경영학은 있는가

동양적 경영학을 향한 창의적 모색 – 그 첫 번째 이야기

오행경영론

전성현

소프트전략경영연구원

들어가면서

설명해야 할 한 현상이 있습니다.

이 현상을 설명하기 위해 어떤 **개념공간**을 설정해 볼 수 있습니다. 이 개념공간은 현상을 구성하는 요소와 그들 사이의 관계를 명시하는 현상의 표현체계(a representation system)입니다. 현상을 설명한다는 것은 바로 이러한 현상의 표현체계를 찾는 지적탐사 과정일 것입니다.

그런데 이 과정에서 또 다른 현상을 설명하기 위해 구축된 어떤 표현체계를 만나게 된다면 어떻게 될까요. 이 우연치 않게 만난 표현체계를 혹 우리가 설명하고자 하는 현상에 적용할 수 있을까요.

이 책은 이 질문을 가지고 출발한 한 사유의 여정을 기록한 책입니다.

우리가 설명하고자 하는 현상은 **조직**(*Organization*)이라는 현상입니다. 조직은 기업이 될 수도 있겠고 정부가 될 수도 있겠지만, 어쨌든 여러 사람이 모여서 하나의 집단으로서 상호 협력하며 전체의 목표 달성을 위해 노력하는 것이 조직입니다. 이러한 조직이란 현상을 설명하는 표현체계를 찾는 것, 그것이 우리가 도달하고자 하는 목적지입니다.

그런데 이 과정에서 우리는 **주역**이라는 한 표현체계를 만나게 됩니다. 하늘(天)과 땅(地)과 사람(人)의 道를 설명하는, 매우 독특한 개념과 관계들로 이루어진 표현체계입니다. **음양오행**이라는 표현체계도 만나게 됩니다. 주역을 구성하면서, 그러나 또 다른 관점에서 현상을 표현하는 체계입니다. 주역과 오행은 둘 다 그 자체로 완벽하게 아름다운 표현체계입니다. 고대 동양은 이들을 가지고 모든 자연현상과 사회현상을 설명하려고 했지요. 그래서 이런 주역과 오행을 보면서 던지게 되는 질문이 있습니다.

우리는 **주역**과 **오행**이라는 **표현체계**를 가지고 조직이라는 현상을 설명할 수 있는가?

물론 문제는 현상들이 가지는 **상동성**(*equivalence*)일 것입니다. 두 현상영역이 동질적이라면 한 현상영역의 표현체계를 다른 현상영역에 투영할 수 있겠지요. 그러나 역으로 이런 **상동성**이 얼마나 본질적인 것인가 물어볼 수 있습니다. 만일 한 현상영역이 가진 속성이 우리의 인식이나 표현과 무관하게 **선험적**으로 고정되어 있는 것이라면, 표현체계의 전이와 적용은 극도의 엄밀성을 요구합니다. 그것은 사실상 불가능 (incommensurable)하다고 해도 과언이 아닐 것입니다. 반면 현상영역의 속성이 상대적이어서 누군가 정의하고 규정하기 나름이라면, 표현체계의 전이와 적용은 비교적 자유롭게 이루어질 수 있습니다. 그 타당한 이유와 논리적 근거만 적절히 제시된다면 말이지요. 지금 우리가 가진 입장은 후자입니다.

木　火　土　金　水

우리가 이처럼 주역과 오행이라는 표현체계의 전이를 놓고 고민하는 이유는 매우 간단합니다.

그것은 현재 우리가 조직현상을 설명하는 데 실패하고 있다고 보기 때문입니다. 그 실패는 다름 아닌 **경영학**이란 설명체계의 실패입니다. 그리고 그것의 기반이 되는 소위 **서구적 觀** 의 실패입니다. 여기서 觀이라 함은 존재론(ontology), 인식론 (epistemology), 방법론(methodology)을 모두 포괄하는 의미입니다.

물론 이 자체가 검증이 필요한 명제일 것입니다. 경영학이 과연 실패하고 있는가, 그 실패를 불러온 것이 과연 서구적 觀인가에 대해 당연히 논란이 없을 수 없겠지요. 그러나 오랫동안 경영학을 공부해 온 사람으로서 나는 이 명제를 받아들입니다.

경영학은 마이크로 현상은 설명하나 매크로 체계는 설명하지 못한다, 이것이 내가 경영학에 대해 내리는 진단입니다. 그 이유는 나중에 설명하겠습니다. 그리고 나는 이를 해결하는 길을 동양적 觀에서 찾을 수 있을지도 모른다는 기대를 가집니다. 경영학이 가지고 있지 못한 매크로 체계를 찾아 헤매는 과정에서 만난 것이 주역과 오행으로 대표되는 동양적 觀인데, 이 동양적 觀이 현재의 서양적 觀을 대체할 수 있는가, 그래서 조직현상을 설명할 수 있는가, 이런 기대를 갖는다는 것입니다.

그래서 우리가 시작하고자 하는 이 사유는 굳이 이름 붙이자면 '**동양적 경영학의 모색**'이라 부를 수 있겠습니다.

이러한 우리의 모색은 기본적으로 **패러다임** 변화에 대한 모색입니다. 우리의 뿌리가 되는, 그러나 언제부턴가 우리가 포기해 버린 동양적 觀을 통해 세상을 보자, 이를 통해 조직현상을 보는 패러다임을 바꾸자는 제안입니다.

이 책은 크게 3부작으로 계획된 동양적 경영학 모색의 첫 번째 책으로 오행을 다룹니다. **음양오행**의 관점에서 조직현상을

조망하고 설명해 보는 것이 이 책의 목적입니다. 두 번째 책은 주역과 경영학을 연결시킬 생각이고, 세 번째 책은 이를 종합하여 소위 동양적 觀에 입각한 경영학의 틀을 구축해 볼 생각입니다.

이 책이 목적하는 바, 오행을 통한 조직현상 설명에 있어서 필요한 작업은 세 가지입니다.

첫째는 음양오행을 구성하는 개념들에 대한 이해입니다. 이 책의 제1부는 음양오행의 제반 개념을 소개하고, 오행이 조직현상을 설명하는 데 어떻게 적용될 수 있는지를 살펴봅니다. (1장, 2장)

둘째는 음양오행의 논리에 기반해서 조직현상을 해석하고 설명하는 작업입니다. 소위 상응 개념체계(Equivalence Concepts Structure)의 구축과 해석인데, 이 책의 제2부가 이 작업을 수행합니다. (3장, 4장)

셋째는 음양오행 논리에 따른 조직현상의 진단과 처방입니다. 음양오행은 현상에 대한 다양한 설명논리를 제시하고 있습니다. 이러한 음양오행의 설명논리를 위에서 구축한 상응 개념체계를 토대로 조직현상의 진단과 처방에 적용해 보는 것이고, 이 책의 제3부가 이 작업을 수행합니다. (5장, 6장)

위의 세 작업을 마치면 마지막으로 해야 할 작업이 있습니다. 위 작업들을 수행하는 과정에서 드러난 문제들을 정리하고 종합하여 동양적 경영학 정립을 위해 함께 해결하고자 노력해야 할 과제들을 제시하는 것입니다. 이 책의 제4부가 이 작업을 수행합니다. (7장)

木　火　土　金　水

이 작업들을 시작하기에 앞서 두 가지만 짚고 가겠습니다.

하나는 우리 논의에서 다루는 개념공간의 범위와 층위입니다. 주역과 오행은 거대한 觀입니다. 세상은 이런 것들로 이루어져 있다, 세상은 이렇게 움직인다, 세상은 이러해야 한다 등, 주역과 오행의 개념공간에는 고대 동양의 사유를 지배한 온갖 존재론적 인식론적 명제들이 모두 녹아들어 있습니다.

문제는 우리가 이런 주역과 오행의 존재론적 인식론적 명제 모두를 다룰 수는 없다는 점입니다. 그건 아마도 동양철학 전체를 건드리는 일이 될 것이고, 그래서 경영학도의 한계를 벗어나는 일이며, 딱히 필요한 바도 아닐 것입니다. 대신 우리는 조직이란 현상을 설명하는 데 있어서 유관한 주역과 오행의 개념들을 선택적으로 다루겠습니다.

개념공간의 범위뿐 아니라 층위에 있어서도 이를 **점증적**으로 심화시켜 나가는 방법을 취하겠습니다. 일차적으로 오행을 조직 현상에 연결시키는 데 필요한 가장 기본적 개념적 토대를 깔고, 그 바탕 위에서 우리 사유의 전개가 요구하는 만큼, 그래서 필요한 만큼 조금씩 그 깊이를 더해 나가는 방법을 택하겠습니다.

다른 하나는 이 책을 서술하는 스타일입니다. 만약 과학적 글쓰기와 인문학적 글쓰기를 나눈다면, 이 책은 후자 쪽입니다. 과학적 글쓰기는 엄밀성(rigor)과 유관성(relevance)을 따집니다. 그리고 글을 쓰는 과정에서 이에 대한 끊임없는 자기검열(self-censorship)을 수행합니다. 반면 인문학적 글쓰기는 자유롭습니다. 엄밀성과 유관성보다는 상상력과 창의성을 글쓰기의 목적과 이유로 삼습니다. 이 책은 과학적 글쓰기의 자기검열에서 벗어나 인문학적 자유로움으로 써내려가고자 합니다. 이런 창조적 글쓰기를 목적으로 하게 된 특별한 이유가 있는데, 이에 대한 것은 후기에서 밝히겠습니다.

木　火　土　金　水

책을 내면서 감사한 사람이 많습니다.

책의 집필과 출간을 격려하고 도와준 아던트 컨설팅의 류목현 대표와 유호정 대표, 소프트전략경영연구원의 박동준 박사께 감사를 드립니다.

항상 곁을 지키며 힘이 되어준 명희와 후석, 의석에게 사랑을 전합니다.

마지막으로 책의 출간을 못 보고 돌아가신, 장인어른이자 바보 이사장 故 이관기 님 영전에 감사와 사랑으로 이 책을 올려 드립니다.

木　火　土　金　水

이제 우리의 지적탐사를 출발하겠습니다.

4 조직오행 상생·상극 관계론 89

5 조직오행 상생·상극 원리의 적용

6 오행과 조직체질

7 조직 오행경영론 정립을 향한 모색

도표목차

오행의 개념공간

1

주역과 오행의 개념체계는 방대합니다.

수천 년 동안 구축된 자연과 인간을 보는 존재론(Ontology)과 인식론(Epistemology)적 명제들이 모두 담겨 있습니다.[1]

이 방대한 개념체계 안에서 우리가 특별히 주목하는 것은 오행의 관계론과 주역의 변화론입니다. 그리고 이 책은 오행의 관계론에 초점을 맞춥니다.

오행의 관계론은 뒤에 상술하겠지만 관계의 특별한 형식을 제시합니다. 바로 오행 상생·상극의 관계인데, 이 관계의 형식 자체가 서구의 조직이론에서 시도되지 않은 새로운 조직현상 설명의 틀이 될 수 있음을 주목하게 됩니다.

오행의 관계론을 보기 위해서는 먼저 음양의 개념과 목, 화, 토, 금, 수라는 오행의 개념을 봐야 하며, 이들이 이루는 상생, 상극의 관계를 봐야 합니다. 그리고 이러한 음양오행 관계의 기저가 되는 氣의 개념과 그 바닥에 흐르는 동양적 존재론과 인식론을 봐야 합니다.

이러한 개념을 다루는 순서나 범위는 서문에서 말한 대로 선택적이고 점증적입니다. 조직현상 설명이란 목적에 비추어 필요한 개념을 순서대로 필요한 만큼만 다루기로 합니다.

---

1 우리가 이 책에서 말하는 존재론과 인식론 개념은 비교적 단순합니다. 존재론은 어떤 현상을 구성하는 개체의 개념, 형태, 종류, 그들간 차이 등에 대한 질문이고, 인식론은 현상에 대한 설명의 본질, 예를 들어 설명에 동원된 논리적 구조, 검증의 방법, 등에 대한 질문이 되겠습니다. (참조. Craib, I., *Modern Social Theory*, 2nd Ed, St. Martin's Press, NY, 1992, p.17–18)

1. 주역과 오행의 존재론과 세계관

서구 존재론은 실체론에서 출발합니다.
실체론이란 무엇인가요?

꽃은 붉고 나비는 춤춘다.

여기서 꽃은 붉음이란 속성을 가진 실체이며, 나비는 춤추는 행위를 하는 실체입니다.
그래서 세상은 꽃과 나비란 실체로 이루어집니다.
이 실체는 서로 상관하며 관계를 맺습니다.

실체론이란 이처럼 어떤 실체(Subject)의 존재를 상정하고, 세상을 이런 실체의 관점에서 보기로 작정하는 것입니다. 이 실체는 어떤 속성을 가지고, 어떤 행위를 하되, 이들과 초월적으로 존재하는 무엇으로 간주됩니다.

실체론은 당연하고 자연스럽습니다. 우리의 경험에 비추어 의심의 여지가 없으며, '주어+술어'(Subject-Predicate)의 언

어구조와 인식구조가 이를 지속적으로 확인시켜 줍니다.

그런데 주역과 오행의 존재론은 이런 실체론적 존재론을 부인하는 데서 출발합니다. 세상을 구성하는 기본 요소가 실체가 아니라는 것입니다.

이것은 상당히 뜻밖의 발상입니다. 우리는 분명 꽃과 나비를 보는데, 이런 꽃과 나비라는 실체를 부인한다면, 세상은 도대체 무엇으로 이루어져 있다는 것인가라는 말이지요.

그건 바로 **변화**(*change*)입니다.

주역과 오행이 세상을 보는 렌즈는 변화이고 이 변화의 과정입니다. 실체는 이 변화의 과정에서 순간적으로 포착되는 일시적 잠정적 현상일 뿐, 정작 세상을 이루는 기본 원리는 변화와 과정이라는 것입니다.[2]

사실 이런 변화의 관점은 서구에도 없지 않습니다. 화이트헤드의 과정철학이 그렇고 하이젠베르그의 불확정성 원리가 그렇습니다. 모든 존재는 생성, 곧 becoming의 과정에 있다는 것이 화이트헤드의 과정철학이고, 부인할 수 없는 물리적 요소로 이루어졌다고 생각했던 물질세계에서 정작 관찰과 분리된 항상

---

2 이러한 실체를 부정하는 觀이 가장 극단적으로 전개된 형태가 불교의 무아론(無我論)과 연기론(緣起論)입니다.

적 실체를 포착하기가 불가능하다는 것을 보여준 것이 하이젠베르그의 불확정성 원리입니다. 그래서 이런 과정철학과 불확정성 원리에서 출발한 소위 현대 신과학 조류가 오히려 동양적 세계관을 뒷받침한다는 주장이 많습니다.[3] 또 뒤에 나오겠습니다만 데리다나 들뢰즈 등으로 대변되는 서구의 포스트모던적 세계관도 변화와 과정의 동양적 세계관과 그렇게 멀리 떨어져 있지 않습니다.[4]

어쨌든 변화를 주역과 오행식으로 표현하면 바로 氣의 흐름입니다. 실체라는 것이 이런 氣의 뭉침과 흩어짐이란 것입니다. 기가 뭉쳐지면 物이 실체로 나타나고, 기가 흩어지면 物이 사라진다, 그래서 세상을 이루는 요소를 따지자면 그건 실체가 아니라 氣라는 것입니다. 주역과 오행은 다름 아닌 氣의 흐름과 성질과 관계에 대한 우주론적 설명입니다.

세상의 이치는 이처럼 氣의 흐름에 따른 음양과 오행의 변화라는 것이 주역과 오행이 채택한 세계관인데, 그렇다면 기와 음양이란 무엇인가, 오행이란 무엇인가, 그리고 둘 사이의 관계는 무엇인가 등 갑자기 질문이 많아집니다.

그런데 여기서 우리 논의가 시작부터 난관에 부닥칩니다.

3 박재주, *주역의 생성논리와 과정철학*, 청계, 1999
4 그래서 비록 우리가 동양적 觀의 필요성을 역설하면서 논의를 시작하기는 했지만, 무릇 모든 동서양 비교연구가 그렇듯이, 우리 역시 논의를 전개하는 과정에서 동서양간 어떤 지나친 대립과 충돌을 상정하는 관점은 경계해야 할 것으로 보입니다. 동서양 사유는 서로 대립하고 충돌하기보다는 서로 상응하는 것이란 말이지요. (참조: 유병태의 옮긴이 서문 (프랑수아 줄리앙 지음, 유병태 옮김, *운행과 창조*, 케이시 아카데미, 2003))

바로 氣 개념의 문제입니다. 음양은 氣에서 나오기 때문에 엄밀히 말하면 음양보다는 氣에서 음양오행 논의를 시작해야 하는데, 이 氣 개념이 그렇게 단순한 개념이 아니라는 것이지요. 氣는 고대 중국 선진시기의 갑골문자 등에서 이미 그 흔적이 발견되는데, 이것이 동양적 사유체계의 긴 역사 속에서 전개되면서 다양한 의미가 덧입혀지고, 그래서 결과적으로 氣는 한마디로 설명하기 어려운 매우 복합적 의미를 가진 개념이 되고 있습니다.[5] 또 이러한 氣를 설명하자면 이(理), 도(道), 태허(太虛) 등의 연관 개념을 거론하지 않을 수 없는데, 이렇게 거슬러 올라가다가 보면 소위 동양철학 개념체계 전체를 다루지 않을 수 없게 됩니다. 바로 우리가 우리의 지적탐사를 시작하면서 미리 경계했던 문제이지요. 그래서 우리는 필요한 개념을 선택적, 점증적으로 다루겠다고 약속한 대로 일단은 음양오행이란 비교적 친숙한 개념에서 출발하기로 하겠습니다. 물론 언제든 필요하다면 氣를 비롯한 상위 개념으로의 회귀는 있어야 할 것입니다.

5 참조: 장립문 주편, 김교빈 외 옮김, 기의 철학, 예문서원, 2004

2. 음양과 오행

　음양(陰陽)은 주역과 오행에 있어서 가장 기본이 되는 개념입니다.

　이러한 음양은 우리가 氣라고 부르는 것의 대립되고 보완되는 두 성질을 나타냅니다. 예를 들어 음은 여성적, 양은 남성적 기운입니다. 그래서 음은 부드럽고 수동적이며 속으로 들어가 숨는 데 반해, 양은 강하고 능동적이고 진취적이며 밖으로 드러납니다.

　음과 양은 이처럼 대립되지만 또한 서로를 필요로 합니다. 음은 양이 있고 양은 음이 있어 서로 어울리고 합쳐지면서 온전해집니다. 음과 양 사이의 이런 대립과 보완의 관계를 「대대(對代)의 관계」라고 합니다. 남과 여, 하늘과 땅, 빛과 어둠, 높음과 낮음, 추움과 더움 등 둘러보면 세상 만물은 이런 대대(對代)하는 성질들로 가득 차 있습니다.

　음과 양은 어떤 사물이나 현상에 고정된 것은 아니며 **상대적**

입니다. 음은 양에 비해서 음이고 양은 음에 비해서 양일 뿐, 항상 음이고 항상 양인 것은 아닙니다. 여성이라고 해서 무조건 음이 아니라, 여성들 사이에 있어서도 보다 양인 여성과 음인 여성이 있으며, 남성과의 관계에 있어서도 오히려 양인 여성이 있습니다. 이처럼 어떤 사물과 현상에도 공존할 수 있는 두 상대적 성질이 음과 양입니다.

음과 양은 순환 반복합니다. 마치 달이 차면 이지러지고 그 이지러짐의 끝에서 다시 차오르듯이 음이 깊어지면 양이 되고 양이 차면 음으로 화합니다. 그래서 음과 양은 두 氣가 아니라 한 氣의 두 모습이며, 그 氣는 이러한 음과 양의 모습을 끊임없이 순환 반복합니다. 우리에게 익숙한 태극 문양이 바로 이런 음과 양의 대대와 유행을 나타내는 문양입니다.

다음으로 오행의 개념을 보겠습니다.

목, 화, 토, 금, 수가 그것입니다.

이들은 자연현상에서 관찰되는 가장 기본적 원소들입니다. 이들 역시 순환 반복하며, 음과 양은 바로 이들 오행의 순환 반복 안에서 그 모습을 드러냅니다.

우선 오행 원소들 자체를 보겠습니다.

이 원소들은 물질적 질료를 나타냄과 동시에 그 질료가 가지는 성질과 기운도 나타냅니다.

목(木)은 나무입니다.

나무는 생명이고 성장입니다.

화(火)는 불입니다.

불은 태움, 뜨거움, 열정 등의 성질을 가집니다.

토(土)는 흙입니다.

흙은 모든 생명의 터전이요 원천입니다.

생명을 뱉어내고 다시 거두어들입니다.

금(金)은 쇠입니다.

쇠는 강함, 단단함, 견고함, 흔들림 없음 등의 성질을 가집니다.

수(水)는 물입니다.

물은 흐름, 생명, 식힘, 냉정 등의 성질을 가집니다.

오행은 이처럼 질료이면서 동시에 성질을 나타내고, 그래서 유형이기도 하지만 무형이기도 합니다. 오행이 나타내는 기운이 응집하면 그것이 유형의 物로 나타나는 것이고, 그 기운이 분산하면 그 物은 사라지는 것입니다.

그렇다면 음양과 오행의 관계는 무엇인가요.

고대 중국인들은 음과 양의 순환 유행이야말로 천지와 세상의 법칙이라고 보았습니다. 그리고 이러한 음과 양의 순환 유행의 과정을 보다 구체적으로 사유한 결과가 오행이라는 형태로 정리되었다고 하겠습니다.

오행의 전개를 보지요.

오행의 목-화-토-금-수 다섯 원소는 토를 중심으로 목-화와 금-수로 나누어집니다. 여기서 목-화는 양의 생성과 발산 과정, 금-수는 이 양을 포장, 잠복, 응고하는 음의 과정으로 설명됩니다. 따라서 오행의 전개는 음과 양의 견제와 갈등, 순환과 반복의 과정을 표상화하는 것입니다.

목과 화를 보겠습니다.

陽이란 기운이 있습니다. 이 양은 힘이고 생명의 원천입니다. 이 양은 잠복되어 있는데 이 잠복된 양이 통일 집중되어 陰의 껍질을 뚫고 분출합니다. 그 분출된 양은 분산 확산됩니다. 이 두 과정이 목과 화의 성질입니다. 곧 겨우내 얼었던 씨앗 속의 생명이 껍질을 뚫고 싹을 내며(木), 이 싹은 여름을 맞아 화려하게 만개하는(火) 것과 같습니다.

그래서 목과 화는 양의 발산이고 확산이지만, 이 양의 발산과 확산은 영원히 지속될 수는 없습니다. 달이 차면 기우는 것처럼 만개한 양의 기운은 스스로를 접어 껍질 속으로 숨어들며 잠복해 갑니다. 금과 수는 바로 이 陽을 받아서 묻고(金) 숙성시키는(水) 과정입니다. 그래서 또 하나의 새로운 陽의 생성과 발산, 곧 목과 화의 과정을 예비합니다.

이 과정에서 토는 목과 화의 陽을 금과 수의 陰으로 전환시키는 토대입니다. 토는 양과 음, 그 어느 쪽에도 치우치지 않으며 둘을 조화시키고 중화시킵니다. 이렇게 오행의 작용은 다름 아닌 음과 양의 전개와 순환과 유행의 과정입니다.

그래서 음양오행의 세계관은 기본적으로 순환적 세계관입니다. 양이 차면 기울어 음이 되고 음이 깊어지면 양이 생겨나듯이, 음과 양은 대립하면서 또한 순환 상화(相和)하는 것이 세상이라는 것이지요. 그러나 음양의 순환은 단순히 한 자리에 머물러 있는 정체된 순환이 아니라, 다음 오행의 상생·상극 관계에서 보듯이 서로 물고 물리면서 끊임없이 진행하는 역동적 순환입니다.

3. 오행과 상생·상극 관계

음양오행의 동양적 사고가 흥미로운 이유는 이들 원소들 자체에도 있지만, 그보다 더 이들이 이루는 소위 상생(相生)과 상극(相克)의 관계에 있습니다.

우선 상생의 관계를 보겠습니다.

상생의 관계는 목-화-토-금-수 배열을 통해 설명됩니다. 〈그림 1〉에서 보듯이 목생화(木生火), 화생토(火生土), 토생금(土生金), 금생수(金生水), 수생목(水生木)의 관계이지요.

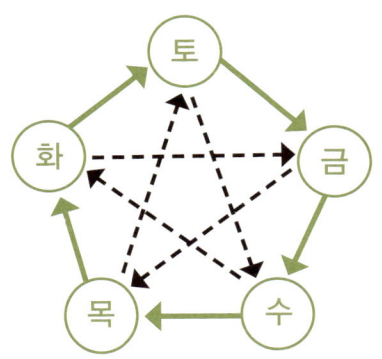

〈그림 1〉 오행의 상생·상극 관계

──▶ 상생론: 목생화, 화생토, 토생금, 금생수, 수생목
──▶ 상극론: 목극토, 토극수, 수극화, 화극금, 금극목

여기서 生한다는 것은 도와서 낳고 키운다는 뜻입니다. 나무를 비벼서 불을 얻으니 불은 나무에서 나온다(木生火), 불이 사물을 태워서 재가 되니 흙은 불에서 나온다(火生土), 쇠는 흙 속에 감추어져 있으니 쇠는 흙에서 나온다(土生金), 쇠가 녹으면 쇳물이 되니 물은 쇠에서 나온다(金生水), 나무는 물을 먹고 자라므로 나무는 물에서 나온다(水生木)란 의미로 풀이됩니다.[6]

반면 상극은 수-화-금-목-토의 배열을 통해 설명됩니다. 〈그림 1〉에서 보는 대로 수극화(水克火), 화극금(火克金), 금극목(金克木), 목극토(木克土), 토극수(土克水)의 관계로서, 여기서 克이란 이기는 것이 이기지 못하는 것을 누르고 나타난다는 뜻입니다. 그래서 불은 물을 이기지 못하므로 물이 불을 따라 일어나고(水克火), 쇠는 불을 이기지 못하므로 불이 쇠를 따라 일어나고(火克金), 나무는 쇠를 이기지 못하므로 쇠가 나무를 따라 일어나고(金克木), 흙은 나무를 이기지 못하므로 나무는 흙을 따라 일어나고(木克土), 물은 흙을 이기지 못하므로 흙이 물을 따라 일어난다(土克水)로 풀이됩니다.

이러한 순환 유행의 관계는 단순한 질료간 관계뿐 아니라 점차 그들이 표상하는 기운과 성질의 관계로 추상화됩니다.

---

6 참조: 한대의 유학자 동중서는 『춘추번로』에서 오행의 관계를 서로를 이기는 상극관계에서 서로 돕고 낳는 상생관계로 발전시킨 인물로 알려져 있습니다.

예를 들어 전국시대 주나라를 누르고 천하를 통일한 진나라는 오행의 전개를 역사해석에 적용하여 스스로를 화기(火氣)의 나라인 주나라를 누른 수기(水氣)의 나라로 선언하고 水를 숭상하였습니다.[7]

이처럼 음양과 오행에 있어서 가장 주목할 점은 그들이 가지는 관계의 법칙성입니다. 오행은 〈그림 1〉에서 보았듯이 서로 관계하는 데 있어서 하나의 정형화된 틀 내지 패턴을 가집니다. 이 틀에 따라 오행은 서로 돕고 다투면서 끊임없이 순환합니다.

4. 오행의 관계론과 조직현상

그러나 우리가 이처럼 오행을 이야기하는 이유는 무엇인가요? 오행의 무엇이 조직현상의 설명에 유용하기에 우리로 하여금 오행에 주목하게 하는 것입니까?

---

7 참조: 전국시대 제나라 추연은 『오덕종시설』에서 이처럼 오행을 질료의 개념에서 성질과 기운의 개념으로 확대시킨 인물로 알려져 있습니다.

그것은 다름 아닌 오행이 제시하는 독특한 '관계형식' 때문입니다. 오행의 다섯 요소가 서로 물고 물리면서 상생의 관계가 되기도 하고 상극의 관계가 되기도 하는 이러한 복합적 중첩적 관계형식은 관계를 보는 새로운 관점이며, 특히 서구 조직이론에서는 아직 시도되지 않은 관계형식입니다.

물론 이러한 관계형식은 관계의 내용에서 비롯됩니다.
오행의 다섯 요소가 목-화-토-금-수라는 독특한 意味體들로 구성되어 있기 때문이라는 것이지요.[8] 오행의 요소가 목-화-토-금-수가 아니라면 이러한 상생·상극의 관계가 성립해야 할 이유가 없습니다.[9]

그래서 우리가 오행을 주목하게 되는 이유는 이렇게 정리될 수 있습니다. 만약 우리가 오행의 목-화-토-금-수에 상응하는 조직현상의 意味體를 찾을 수 있다면, 그래서 이들을 오행의 목-화-토-금-수에 대입하여 소위 **조직오행**을 구성하고 이러한 조직오행이 이루는 상생·상극의 관계를 볼 수 있다면, 이것은 조직현상을 묘사하고 설명하는 새로운 틀이 되지 않을까.

예를 들어 생각해 보겠습니다.

---

8 오행 요소는 단순히 개념이라고 부르기에는 그 의미구조가 복합적 다층위적 중첩적입니다. 이러한 의미구조의 복잡성을 포착하기 위해 槪念(Concept)보다는 意味體(Meaning Structure)란 용어를 쓰겠습니다. 이것은 또한 오행 요소의 의미를 어느 한 개념에 고정시키는 것이 아니라, 뒤에 오행 배속에서 논의하겠습니다만, 의미의 상호 용해를 위해 열어둔다는 의미도 있습니다.

만약 오행의 목-화-토-금-수에 해당하는 조직현상의 意味體를 전략-열정-문화-제도-정보로 둔다면 어떻게 될까요.

그렇다면 목-화-토-금-수가 가진 상생·상극의 관계형식에 기대어 우리는 전략-열정-문화-제도-정보 사이에 여태껏 조직이론에서 포착하지 못했던 새로운 관계의 모습들을 끄집어낼 수 있지 않을까요. 木生火라고 했으니 전략(木)이 열정(火)을 生한다고 할 수 있지 않을까요. 또 金克木이라고 했으니 제도(金)가 전략(木)을 克한다고 할 수 있지 않을까요.

물론 이러한 시도의 대전제는 목-화-토-금-수와 전략-열정-문화-제도-정보 사이에 개념적 상동성(equivalence)이 존재한다는 확신인데, 이것은 소위 '오행 배속'의 문제로서 다음 장에서 보다 자세히 다루기로 하겠습니다.

다시 정리하면, 오행 요소에 상응하는 조직현상의 意味體를 찾아 이들로 **조직오행**을 구성하고, 오행의 관계형식과 내용에 기대어 조직현상에 대한 새로운 설명을 시도할 수 있다는 것, 이것이 우리가 오행을 주목하게 된 첫 번째 이유입니다.

---

9 오행을 그 요소의 의미(semantics)와 무관하게 순수하게 기능적 관계형식(syntax)으로만 보자는 주장이 있습니다만(참조: 주석원, *8체질 의학의 원리*, 통나무, 2007) 이러한 관계형식을 성립시키는 근거가 바로 오행 각 요소가 가진 의미(semantics)임을 상기할 필요가 있습니다.

　그러나 이처럼 오행을 들여다보는 과정에서 우리는 오행을 봐야 하는 보다 더 근본적 이유가 있음을 알게 됩니다.

　그것은 바로 지식의 통합 문제입니다.

　지금껏 조직현상을 설명하는 데 있어서 우리는 결코 소위 지식의 **생성논리** 빈곤으로 시달리지는 않았습니다. 예를 들어 전략과 열정, 문화와 제도, 정보와 지식 등 조직의 다양한 意味體들을 놓고 이들 사이의 관계에 대해 우리는 수없이 많은 마이크로(micro) 가설들을 만들어 내고 이를 검증하였습니다. 그래서 경영학의 지식체계는 이런 마이크로 가설들에 대한 마이크로 지식들로 넘쳐나고 있습니다.

　그러나 이들 마이크로 지식들은 어떻게 통합되는 것입니까?

　우리는 이 마이크로 지식들을 종합하여 통합적이고 일관된 총체적 조직의 모습을 그려내고 있습니까?

　대답은 '아니오'입니다.
　우리는 마이크로 지식에는 풍부하지만 정작 이들을 체계적으로 통합하는 데는 실패하고 있습니다. 조직현상의 본질이 무엇이며 그것이 어떤 원리에 의해 움직이고 있는지를 전체적 종합적으로 설명하지 못하고 있다는 것이지요. 이것은 마치 수많은 지식의 벽돌들을 찍어내지만 정작 이 벽돌들을 가지고 어떤 집을 지어야 할지 모르는 것과 같습니다. 한 마디로 지식의 **통합논리**가 없다는 말입니다.

그렇다면 오행의 의미는 어디에 있는 것인가요.

분명한 것은 앞에서 살펴본 것처럼 오행을 단순히 또 다른 마이크로 가설의 생성도구로만 사용한다면 오행의 의미는 반감될 것이라는 사실입니다. 그 가설이 아무리 상생·상극 관계형식에 기반한 신선하고 기발한 가설이라 할지라도, 이것은 우리가 가진 수많은 마이크로 가설의 더미 위에 한 줌 더하는 것에 지나지 않을 것입니다. 반면에 오행이 의미를 가지기 위해서는 단순한 마이크로 가설 생성도구 이상의 역할, 곧 지식의 **통합논리**를 제공할 수 있어야 합니다.

그렇다면 과연 오행은 그러한 지식의 **통합논리**를 제공하는지요.

대답은 조심스럽긴 하나 '예'입니다.

오행은 조직의 본질은 무엇이며 그것이 어떤 원리에 의해 움직이는지에 대한 대답을 이미 가지고 출발합니다. 바로 오행의 상생·상극 원리입니다. 물론 이러한 상생·상극 원리를 참으로 받아들인다는 전제 위에서 하는 말입니다만, 예를 들어 水生木이란 관계형식을 통해 우리는 水가 木을 生함을 이미 알고 있습니다.

문제는 그 水와 木을 찾는 일, 곧 오행에 상응하는 조직의 意味體를 찾아 주어진 관계형식에 대입하는 일만 남았을 뿐입니다. 결국 오행은 지식의 벽돌을 가지고 어떤 집을 지어야 할지, 그 집의 구조와 형태를 미리 알고 출발하는 셈입니다. 오행 상생·상극이라는 관계형식이 이 집의 구조와 형태를 선험적(a priori), 선행적(ex ante)으로 던져주고 있는 설계도가 되는 것이고요.

갑자기 이러한 오행 상생·상극 설계도로 짓는 조직이란 집의 모습이 궁금해집니다.

오행과 조직현상

: 개념적 토대 깔기

2

1. 조직현상에서의 음과 양, 기, 그리고 오행
2. 오행과 조직현상 연결
　　　　　　　－그 일차적 시도에서 제기되는 질문들

조직현상에서 오행에 해당하는 意味體를 찾고 이를 오행의 관계형식에 대입할 수 있다면, 그것은 조직현상을 설명하는 데 있어서 현재까지 시도된 바 없는 매우 흥미로운 설명체계가 될 것이란 것이 앞장에서 내린 결론입니다.

이제 이런 조직의 意味體를 찾는 작업을 시작해 보겠습니다.

출발은 **직관**을 통해서입니다. 오행의 의미구조를 살피면서, 이에 상응한다고 생각되는 조직의 意味體를 직관적으로 골라내는 것입니다. 그런 다음 이렇게 찾은 조직의 意味體를 놓고 그 타당성과 적절성을 보다 분석적으로 짚어보겠습니다.

1. 조직현상에서의 음과 양, 기, 그리고 오행

오행이 결국은 음과 양이 운동하는 형태요 과정이라고 본다면, 조직에서 음은 무엇이며 양은 무엇인가를 먼저 물어야 하겠습니다. 또 음과 양은 기(氣)의 양면이고, 기는 행(行)하는 것이며 끊임없이 순환, 대대, 반복하는 것이라고 한다면, 음과 양이 나타내는 조직의 기(氣)와 행(行)은 과연 무엇인가도 물어야 하겠습니다.

이처럼 오행의 관점에서 조직현상을 바라보는 데 있어서 물어야 할 질문은 많습니다. 모두 오행 개념 요소들이 어떤 조직현상 개념들로 치환될 수 있는가, 그 대응 개념들이 과연 타당하고 적절한가를 묻는 질문들입니다.

1) 조직의 기와 음양

기(氣)는 행(行)하는 것이라 했고, 조직은 목적 지향적(purposive)입니다. 그래서 조직의 기는 조직을 행(行)하게 하는, 다시 말해서 조직이 목적 달성을 향해 힘쓰고 나아가게 하는 무엇이라고 간단히 이해하고 출발해 볼 수 있겠습니다.

다음으로 지식(Knowledge)과 행동(Action)이라는 조직의 두 측면을 보겠습니다. 전자는 무엇을 '알기'이고 후자는 무엇을 '하기'입니다. 둘 다 행(行)하기입니다. 그러나 지식은 음(陰)적 행(行)이고 행동은 양(陽)적 행(行)이라고 할 수 있지 않을까요.

그렇다면 조직의 음(陰)과 양(陽)은 소위 지식(Knowledge)

이라는 음(陰)적 측면과 행동(Action)이라는 양(陽)적 측면으로 개념화시킬 수 있겠습니다. 다시 말해서 조직에서 음(陰)은 지식, 앎, 정보 등 소위 이론적 인지적 行이라고 할 수 있고, 양(陽)은 결단, 의지, 열정, 노력 등 소위 실천적 행동적 行이라고 할 수 있겠습니다.

이렇게 놓고 보면 조직의 음과 양은 서로 대대(對代)합니다. 곧 음이 차면 양이 되고 양이 넘치면 음이 되듯이, 조직이 축적하는 지식은 행동으로 옮겨지고 행동은 새로운 지식으로 축적됩니다.

조직의 기와 음양에 대한 이러한 개념화는 일견 매우 피상적 즉흥적 일차원적 시도처럼 보입니다. 그리고 실제 그렇습니다. 그러나 지금 시점에서는 개념화의 엄밀성(rigor) 문제는 일단 제쳐두었으면 합니다. 지금 우리의 초점은 오행의 개념체계를 과연 조직현상에 적용할 수 있는가에 맞춰져 있으며, 그 개념체계의 유관성(relevance), 또 그러한 시도의 타당성(plausibility)을 먼저 전체적으로 개략적이나마 확인해 보는 일입니다. 개념화의 엄밀성은 이러한 유관성과 타당성이 확인된 후에 다시 돌아와서 짚어야 할 문제입니다.

2) 조직현상에서의 오행과 상생·상극

다음은 조직현상에서의 오행을 찾아보지요.

오행은 알다시피 '목-화-토-금-수' 다섯 원소로 이루어집니다. 이들은 각각 '나무-불-흙-쇠-물'이라는 현실적 실재적 질료의 의미에서 출발합니다. 또한 기(氣) 개념과 결부되어 목기(木氣)-화기(火氣)-토기(土氣)-금기(金氣)-수기(水氣)란 추상적 개념으로 그 의미가 확대 해석되기도 합니다.

이런 오행 원소에 상응하는 조직 意味體를 찾는 길은 두 단계입니다.

우선 직관에 의지해서 '목-화-토-금-수' 조직오행을 찾는 단계입니다. 이것은 주로 '목-화-토-금-수'가 표상하는 **질료**로서의 성질에 기대어 이러한 성질에 가장 부합하는 것으로 보이는 조직 意味體를 고르는 방식으로 진행되는 것이 보통이고, 이것이 바로 우리가 앞에서 했던 작업입니다. 곧 조직의 '목-화-토-금-수'로 '전략-열정-문화-제도-정보'를 시도했던 것을 기억하시지요.

두 번째 단계는 이렇게 찾아진 조직 意味體를 오행 상

생·상극 관계형식에 대입하여 과연 그 意味體들이 내용적 (semantically)으로 이러한 상생·상극 관계를 충족하는지를 보는 것입니다. 소위 조직오행에 대한 **내용적 관계적** 검증이라 하겠습니다.

이제 조직오행을 찾는 작업을 시도해 보겠습니다. 일단 앞에서 시도한 '전략—열정—문화—제도—정보'의 조직오행 틀을 유지하도록 하겠습니다. 그리고 내용적 관계적 관점에서 그 조직오행이 과연 적절하고 타당한지 여부를 확인해 보겠습니다. 이 모든 과정은 직관적이고 경우에 따라서는 매우 자의적입니다. 그러나 현재로서는 별 뾰족한 방법이 없습니다.

수(水)라는 원소를 생각해 보겠습니다.

水에 해당하는 조직현상의 요소를 식별해 낼 수 있을까요? 또 水氣에 상응하는 조직의 성질을 포착해 낼 수 있을까요?

水는 형체가 고정되어 있지 않고 유동적이며 만물을 生하게 합니다. 이런 水가 나타내는 성질은 차가움, 흘러 스며듦, 저장 등입니다. 또 음양으로 치자면 가장 陰적인 요소입니다. 이 水의 형상과 성질에 가장 근접한 조직현상의 요소를 찾는다면 그건 아마도 조직의 '정보'(Information), 그리고 조직이 가진 이성적 측면(Rationality)이 아닐까요.

화(火)는 어떠한가요.

火는 불이며 열정입니다. 만물을 익히기도 하고 태우기도 합니다. 이러한 火에 해당하는 조직 현상의 요소는 조직이 가진 목표지향성, 곧 목표에 대한 '열정'(Zeal and Aspiration)이라고 할 수 있지 않을까요. 이 열정을 성질의 관점에서 보면 그것은 조직이 가진 감성적 측면(Emotionality)입니다. 이것은 조직을 살아 움직이게 합니다.

이제 관계의 내용(relational semantics) 관점에서 짚어보겠습니다.

상극론 관점에서 보면 수극화(水克火), 곧 '물은 불을 식힌다'입니다. 水를 지식과 정보로, 火를 열정과 의욕으로 놓고 보면 둘 사이에 이러한 상극의 관계가 큰 무리 없이 성립하는 것을 볼 수 있습니다. 우리가 자주 경험하듯이 조직에서 열정은 정제되지 않은 열심입니다. 성장과 확장에 대한 다급함과 조바심입니다. 그런데 이러한 열정을 다스리는 것이 정보와 지식입니다. 환경과 상황에 대한 정확한 정보를 토대로 내리는 이성적 판단과 결정입니다. 바로 정보(水)는 열정(火)을 克합니다.

금(金)을 생각해 보겠습니다.

금은 딱딱하고 견고합니다. 이러한 금에 해당하는 조직의 요소로 떠오르는 것은 '제도'(Institution)입니다. 제도는 구조(structure)이며 틀이고 따라서 견고하며 안정적입니다. 이러한 제도는 상극론으로 보면 화극금(火克金), 곧 조직의 열정에 의해 克해집니다. 다시 말해서 제도의 경직성을 깨트리는 것이 조직이 가진 열정과 의욕입니다.

목(木)은 어떠한가요.

목은 수와 화 사이에 위치하며 상생론으로 보면 水로 生함을 받으며 火를 生하는 것으로 나타납니다. 이렇게 정보에 의해 生함을 받으며 또한 조직의 열정을 生하는 것은 무엇일까요.

그것은 조직의 '전략'(Strategy) 혹은 전략적 의도(Strategic Intent)라고 할 수 있지 않을까요. 곧 조직의 방향과 목표이며 그것을 향한 결단과 의지입니다. 이러한 전략은 정보를 바탕으로 생성되며(水生木) 이렇게 생성된 전략은 그 달성을 위한 열정과 열심을 낳습니다(木生火).

상극론으로 보면 금극목(金克木)입니다. 곧 조직의 제도가 가지는 경직성이 전략의 걸림돌이 될 수 있다는 뜻입니다. 반면 이러한 제도의 경직성을 이기는 것은 앞에서 보았듯이 열정입니다.

끝으로 토(土)를 보겠습니다.

土는 음양 관점에서 보면 음을 양으로 전환시킵니다. 다시 말해서 火(열정)와 金(제도) 사이에 있으면서 조직의 열정을 구조로 제도화시킵니다. 상극론 관점에서는 水(정보)를 극하고 木(전략)에 의해 극복됩니다. 이러한 土의 성질을 대변하는 조직현상의 意味體를 찾는다면 그건 아마도 '문화'(Culture)가 아닐까요. 문화는 열정에 의해 배태되며 구조로 제도화됩니다. 또한 정보를 선택하고 전략과 다툽니다.

이상 우리가 수행한 작업을 오행에서는 **오행 배속**이라고 부릅니다. 현상에서 오행 요소에 대응하는 요소를 찾아 배속시키는 작업이지요. 앞에서 시도한 조직오행 배속 결과를 정리하면 다음 〈표 1〉 및 〈그림 2〉와 같습니다.

	오 행				
	목	화	토	금	수
조직오행	전략 Strategy	열정 Aspiration	문화 Culture	제도 Structure	정보 Information
조직 오행의 성질	Purposefulness Innovativeness	Vitality Emotionality	Fertility Cultivating	Stability Inertia	Scrutiny Rationality

〈표 1〉 조직오행 배속

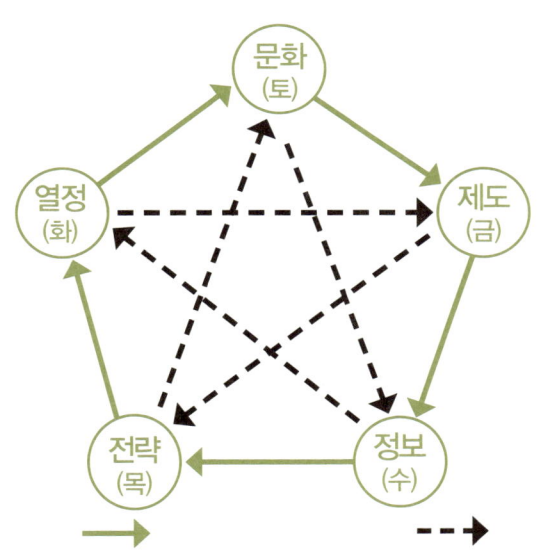

목생화: 전략은 열정을 낳는다.   **목극토:** 전략은 문화를 이긴다.
화생토: 열정은 문화를 낳는다.   **토극수:** 문화는 정보를 누른다.
토생금: 문화는 제도를 낳는다.   **수극화:** 정보는 열정을 식힌다.
금생수: 제도는 정보를 낳는다.   **화극금:** 열정은 제도를 흔든다.
수생목: 정보는 전략을 낳는다.   **금극목:** 제도는 전략을 발목잡는다.

〈그림 2〉 조직오행과 상생·상극 관계

〈그림 2〉는 오행의 '목−화−토−금−수'를 조직현상의 '전략−열정−문화−제도−정보'란 意味體로 치환하고 이들 사이에 존재하는 상생·상극의 관계를 보여주고 있습니다. 이러한 관계는 다음과 같은 상생·상극의 명제들(Grand Propositions)로 종합됩니다.

전략은 열정을 낳고,
열정은 문화를 낳고,
문화는 제도를 낳고,
제도는 정보를 낳고,
정보는 전략을 낳는다. – (조직오행 상생의 명제)

전략은 문화를 이기고,
문화는 정보를 누르고,
정보는 열정을 식히고,
열정은 제도를 흔들며,
제도는 전략을 발목잡는다. – (조직오행 상극의 명제)

이처럼 조직현상에 대한 오행적 사유의 도입, 조직오행 意味體의 탐색과 대입, 조직 상생·상극 관계의 설정 등 지금 우리가 하고 있는 작업들은 모두 하나의 지적 상상이며 실험이자 모험입니다. 길로 치자면 아무도 걸어보지 않은 길이고, 그래서 그 길이 어디로 향하며 길 가운데 어떤 어려움이 도사리고 있는지 알 수 없습니다. 막다른 길에 다다를 수도 있습니다. 그러나 새로운 길을 걸어본다는 것은 신나는 일이고 흥분되는 일이며, 다행히 아직까지는 별 문제가 없습니다. 길 위에 나타나는 풍경도 나쁘지 않습니다. 특히나 조직오행 관점에서 도출된 상생·상극 명제들은 일견 매우 설득력 있어 보이지 않습니까.

2. 오행과 조직현상 연결
– 그 일차적 시도에서 제기되는 질문들

조직오행은 조직현상에서 오행의 意味體를 찾고 그 상생·상극 관계를 설정하는 데서 출발합니다. 우리는 앞에서 직관에 의지해서 이를 시도해 보았고, 다행히 그 결과는 나쁘지 않아 보입니다.

그러나 직관은 직관입니다. 직관은 항상 분석적 사유로 뒷받침되기를 요구합니다. 그래서 오행과 조직현상을 연결하는 데 있어서 일단 다음과 같은 질문들을 던져볼 수 있습니다.

1) 오행의 조직 유관성

오행이 조직이라는 현상을 설명하는 데 있어서 얼마나 유관 (relevant)한 개념체계인가 먼저 물어볼 필요가 있습니다. 이 것은 오행에 해당하는 조직 意味體를 찾을 수 있느냐 하는 문제 이전의 문제로서, 조직과 무관하게 출발한 어떤 개념체계를 조 직이란 현상에 적용하는 것이 과연 타당한가라는 보다 근원적 질문입니다.

몇 가지 관점에서 대답을 생각해 볼 수 있습니다.

하나는 그동안 오행이 거둔 **성과**에 기대어 오행의 조직 유관 성을 주장하는 것입니다. 오행은 하나의 우주론적 원리로서 수 천 년 동안 동양 사회를 지배해 오고 있습니다. 고대 중국 사가 들은 오행의 관점에서 왕조 변천사를 설명했습니다. 한의학은 오행 원리를 토대로 지금까지 수많은 질병을 치료해 왔습니다. 최근에는 현대 물리학을 오행을 통해 새롭게 해석해 내려는 노 력도 있습니다. 이처럼 오행은 현상의 설명 원리로서 상당한

성과를 거두고 있습니다.

오행의 조직 유관성은 그것이 주는 **효용**(*utility*) 관점에서 주장할 수도 있습니다. 앞에서도 지적했듯이 오행은 기존 서구 조직이론에서 시도되지 않은 「설명틀」을 제공해 줍니다. 서구 조직이론은 전략과 문화, 문화와 제도, 정보와 전략 등 조직현상을 구성하는 마이크로 관계에 대해서는 할 말이 많지만, 이들 지식을 담을 수 있는 일관된 설명틀이 없습니다. 이런 상황에서 오행의 상생·상극 관계와 같은 총체적 관계형식과 설명틀이 주는 효용은 결코 가볍지 않습니다.

그러나 이러한 주장들이 오행 적용을 정당화할 수 있을까요? 아닐 것입니다. 이러한 정당화는 여전히 문제를 비껴가는 것이 되겠습니다. 오행을 떠나서 생각한다면 우리는 왜 조직이 반드시 5개의 요소로 이루어져야 하는가를 대답하지 못합니다. 왜 그들이 꼭 목–화–토–금–수라야 하는지도 대답하지 못합니다. 그래서 오행의 조직 유관성을 따지는 데 있어서 우리는 결국 다시금 오행이란 출발점으로 돌아와 오행 자체에 기댈 수밖에 없겠습니다.

그것은 오행이 우주론적 원리임을 전제하고 출발하는 것입니다. 그것이 가진 포괄성과 엄밀성에 기대는 것입니다. 오행은 주역과 마찬가지로 세상 만물과 인간사 모두를 설명하는 우주론적 원리로 제시되고 있습니다. 모든 현상은 陽과 陰의 對待이며 流行이라는 오행 원리는 자연이든 사회든 상관없이 모든 현상에 적용되는 보편적 원리라는 것입니다.

그래서 오행의 조직 유관성 문제는 오행이 우주론적 원리라는 전제를 받아들이는가의 문제입니다. 이 전제를 받아들인다면 오행의 적용은 정당화됩니다. 사실 정당화를 논할 필요조차 없습니다. 조직을 오행이 다루는 우주론적 현상의 일부로 놓고 오행으로 조직현상을 설명하고자 하는 것이 전혀 이상하지 않으니까요. 반대로 오행이 본래 사이비 원리라면 우리가 아무리 정교한 정당화를 시도한다 해도 결국 허사입니다.

2) 오행은 원시개념인가 복합개념인가

오행이 가진 조직 유관성을 인정한다면 우리는 다시 오행 배속의 문제로 돌아옵니다.

오행 배속은 오행 원소에 대응하는 조직의 意味體를 찾는 문제인데, 여기서 일차적으로 부닥치는 문제는 조직오행 요소의 개념적 원시성(primitiveness) 문제입니다.

이것은 목-화-토-금-수라는 오행 원소에 해당하는 조직 요소가 조직 온톨로지 안에서 전략-열정-문화-제도-정보처럼 각각이 하나의 기성 **원시개념**으로 존재하는 것으로 기대할 수 있는가 하는 문제입니다.

만약 그렇다면 오행 배속은 비교적 단순한 탐색(search)과 사상(mapping)의 문제입니다. 조직 온톨로지를 뒤져서 해당하는 원시개념을 찾고, 이를 오행과 대응시키면 되는 것이지요.

그러나 만약 오행 원소에 대응하는 조직 요소가 이처럼 기성 원시개념으로 존재하는 것이 아니라 그들의 해체와 조합으로 새롭게 구성되어야 하는 것이라면, 다시 말해서 소위 **복합** *(composite)* 개념으로 포착되어야 한다면, 문제는 보다 복잡해집니다. 이것은 현재 우리가 가지고 있는 조직 온톨로지 자체를 근본적으로 재구축해야 함을 의미합니다. 조직 온톨로지를 구성하는 기성 원시개념들을 오행 원소의 관점에서 분해하고 해체하고 결합하고 재구성하는 작업이 요구된다는 것이지요.

우리는 앞서 오행 배속을 가장 단순한 가정 위에서 출발하였습니다. 곧 오행의 각 원소가 복합개념이 아닌 기성 원시개념으로 존재하고, 따라서 오행 배속은 기존 조직의 온톨로지 상에서 이러한 원시개념을 찾는 문제라는 가정입니다. 조직현상에서 오행적 사유의 가능성을 모색하는 것이 일차적 목표인 지금 상황에서 이러한 단순 가정은 피할 수 없다 하겠습니다. 물론 이 가정이 과연 타당한가는 앞으로 지켜봐야 할 문제입니다.[10]

3) 오행 인식론과 사유의 작위성

오행 배속에 있어서 개념의 원시성과 더불어 나타나는 또 하나의 문제는 사유의 작위성 문제입니다.

이것은 오행이란 정해진 관계 틀 속에 조직 요소들을 분명한 원칙이나 기준 없이 이것저것 임의적으로 무분별하게 선택해서 대입해 보는 행태입니다.[11] 바로 앞에서 우리가 직관이란 이름으로 수행한 작업이기도 하지요. 이러한 작위성은 우리로 하여금 오행 자체를 비판하고 거부하게 만듭니다. 오행은 결코 과학적이고 엄밀한 탐구의 방식이 될 수 없는, 하나의 지적 유희 정도에 불과하다는 비판이고 거부입니다.

이러한 비판은 당연하고 또 극복해야 할 문제이긴 하지만, 이것이 오행 자체에 대한 거부로 이어지는 것에는 변명의 여지가 있습니다. 다시 말해서 사회 현상이건 자연 현상이건 어떤 현

---

10 사실 우리가 조직 요소 대신 意味體란 용어를 택한 이유도 이러한 복합개념의 가능성을 열어두기 위한 최소한의 조치였습니다.

11 공교롭게도 Henry Mintzberg 또한 5라는 숫자를 강조하면서 소위 'Structures of 5s'를 주장한 바 있지만, 물론 오행과의 연관성은 전혀 없습니다.

상을 설명하는 데 있어서 오행적 설명이 서구의 소위 분석과학적 설명에 비해 과연 열등한 방식인가 하는 문제인데, 여기에 반론의 여지가 있다는 것입니다. 그 이유를 살펴보지요.

일반적으로 어떤 현상을 설명한다는 것은 현상을 구성하는 요소와 이 요소들간의 관계를 규명하는 것입니다. 그런데 서구에서는 앞서 실체론적 존재론에서 지적했듯이, 현상을 구성하는 실체가 있을 때 이 실체들간의 관계가 무엇인가, 곧 실체에 대한 논의보다는 그들이 이루는 관계를 밝히는 데 초점이 맞추어집니다. 서구에서의 실체는 꽃과 나비처럼 너무도 당연하게 인식되는 대상이고, 오히려 문제는 이들이 이루는 관계에 있기 때문입니다.[12]

반면 오행의 경우는 정반대입니다. 오행에 있어서 관계의 형식은 이미 정해져 있습니다. 그래서 이 관계에 어떤 실체를 대입할 것인가, 곧 오행 요소를 찾는 오행 배속이 문제가 되고, 현상 설명의 초점 또한 관계보다는 이 관계에 부합하는 실체의 식별에 맞추어집니다.[13]

이처럼 오행적 사유와 서구의 분석과학적 사유의 차이는 현상 설명을 위한 사유의 노력을 어디에 두는가 하는 문제로 귀

---

12 물론 그렇다고 해서 서구가 오직 관계의 규명에만 치중해 왔다는 뜻은 결코 아닐 것입니다. 인식론적 초점의 차이란 것이지요
13 엄밀히 말하자면 오행 상생·상극 관계를 구현하는 요소를 실체로 두는 것은 오행 해석에 있어서 가장 심각한 오류라 하겠는데, 이에 대한 자세한 논의는 뒤에서 하도록 하겠습니다.

결된다고 할 수 있는데, 이것은 사실 미묘한 인식론적 비틀림 (epistemological twist)이라 할 수 있습니다. 서구의 인식론은 실체론적이라 했지만 정작 인식의 주안점은 관계의 규명에 있으며, 반대로 동양의 인식론은 관계론적이라 하지만 정작 인식의 주안점은 실체의 식별에 있다는 것입니다.

이 인식론적 차이를 관계식으로 나타내면 이렇습니다. 현상의 설명을 A와 B 두 요소 사이의 관계, A→B를 규명하는 것이라고 했을 때, 서구의 분석과학적 설명의 초점은 A와 B는 당연한 것인 반면 그 관계(→)가 무엇인가를 밝히는 데 있고, 반대로 오행적 설명에서는 관계(→)는 주어진 것이고 이 관계의 양 항에 무엇을 넣을 것인가, 곧 A와 B를 밝히는 데 설명의 초점을 맞춥니다.

어쨌든 문제의 초점은 모호성(ambiguity)입니다. 현상을 설명하는 데 있어서 그것이 엄밀한 원칙과 기준에 입각하고 있지 않다는 것이지요. 오행은 바로 이 모호성 때문에 비판받고 있는 것입니다. A→B라는 설명식에 대입할 A, B를 찾는 작업이 엄밀한 원칙이나 기준 없이 자의적으로 이루어진다는 이유에서입니다.

그러나 이러한 모호성은 서구에 있어서도 마찬가지로 지적될 수 있습니다. 서구 인식론의 초점이 되는 관계(→)의 규명에 있어서, 왜 하필 그 관계가 특정한 형태로 설정되는가, 예를 들어 왜 그것이 단순한 상관관계가 아닌 인과관계인가, 인과관계라 하더라도 왜 그것이 직접적 영향관계이며 매개나 조절의 관계가 아닌가, 이런 질문은 항상 나오게 됩니다.

그래서 결과적으로 본다면 서구든 오행이든 현상 설명의 모호성 문제에 있어서는 공히 자유롭지 못함을 알 수 있습니다. 다만 그 모호성 문제를 오행의 배속처럼 **실체**의 **식별** 영역에서 씨름할 것이냐, 아니면 서구의 분석과학처럼 **관계**의 **규명** 영역에서 씨름할 것이냐의 차이를 가질 뿐입니다.

정리하면, 오행을 적용하는 데 있어서 출발점은 오행의 배속인데, 현재 이러한 오행 배속 자체가 사유의 작위성과 모호성 관점에서 비판받고 있으며, 그 결과로 오행을 과학적 설명틀로 도입하는 것 자체도 거부되고 있는 실정입니다. 그러나 이러한 모호성은 서구의 분석과학에서도 당연히 존재하며, 다만 그 모호성의 위치가 다를 뿐입니다. 이것은 오행이 서구의 분석과학과 비교해 본질적으로 열등한 사유체계라는 고정관념에 의문을 제기하게 합니다. 그리고 오행이 하나의 과학적 사유의 틀로 정당화될 수 있는 가능성을 열어둔다고 하겠습니다.

木 火 土 金 水

오행과 서구 조직이론의 인식론적 차이에 대해서도 지적할 필요가 있습니다.

서구 조직이론은 성장, 발전, 성과를 목표로 하는 일방향적 인식론을 견지합니다. 이러한 인식은 오행의 어휘를 빌리자면 양(陽) 중심적 사고입니다. 그래서 성장, 발전, 성과에 이르지 못하는 음(陰)은 좌절이며 후퇴며 실패로 인식되고, 따라서 양(陽)은 취하고 음(陰)은 버리고자 합니다.

오행의 인식론은 다릅니다. 오행은 세상이 陰과 陽의 자연스러운 순환과 반복으로 이루어진다고 보며, 그래서 陰과 陽을 같이 받아들입니다. 陽을 반기되, 陽이 차면 기울어 陰이 되고, 그 陰이 새로운 陽을 만들어 내는 것을 압니다. 그래서 陽만을 욕심내지 않고 陰만을 두려워하지도 않습니다. 陽과 陰 어느 한 쪽을 편들지도, 어느 한 쪽에 매달리지도 않는 것입니다.[14]

---

14 이러한 음양의 순환과 유행의 세계관을 확실하게 보여주는 것이 주역입니다. 예를 들어 여섯 양효로 이루어져 있는 건위천 괘의 마지막 효사는 항용유회, 곧 양의 기운이 너무 지나치니 후회가 있으리라는 풀이입니다.

조직오행의 배속
: 조직의 목-화-토-금-수 찾기

3

우리는 앞에서 오행의 '목-화-토-금-수'에 해당하는 조직意味體를 찾고 그들간 상생·상극 관계를 설정하였습니다. 그 결과로 '전략-열정-문화-제도-정보'로 이루어진 하나의 개념 체계가 모습을 드러냈습니다. 조직현상을 설명하는 조직오행이란 표현체계입니다.

우리가 앞에서 한 작업은 이런 표현체계 구축을 위한 일종의 기초공사였습니다. 오행이란 설계도를 가지고 조직오행이란 구조물을 짓기 시작했는데, 먼저 개념적 토대를 깔고 그 위에 골조를 세워 전체적 구조물의 형태와 윤곽을 갖추는 작업이었다고 할까요. 모두 직관에 의지해 실험적으로 수행한 작업이긴 하나 나타난 결과는 나쁘지 않아 보입니다.

이제 이를 바탕으로 본격적 공사를 시작하겠습니다. 소위 조직오행을 하나의 표현체계로 완성시켜 나가는 작업이 되겠습니다.

먼저 제3장에서는 조직오행 배속 문제를 좀 더 깊이 있게 살펴보겠습니다. 오행 배속의 의미를 되짚어보고, 전략-열정-문화-제도-정보로 이루어진 조직오행의 의미를 조직이란 맥락(context) 안에서 구체화하는 작업이 되겠습니다. 다음으로 제4장에서는 오행 상생·상극 관계를 좀 더 깊이 있게 살펴보겠습니다. 상생·상극 관계가 가진 의미구조를 살피고, 조직오행이 이러한 상생·상극 관계에 대입되어 어떻게 조직현상을 설명하는지를 살펴보겠습니다.

논의를 시작하기에 앞서서 양해를 구할 것이 있습니다. 책을 읽는 것과 관련한 문제인데, 누차 지적한 대로 우리가 조직오행 표현체계 구축에 접근하는 방법은 점증적 심화의 방법 그대로 관련 내용과 논점을 필요한 때 필요한 만큼만 다루며 진행하는 방식인데, 그러다 보니까 매 논제를 시작하면서 그때까지의 전개 상황을 먼저 되짚고 시작하지 않을 수 없습니다. 이것은 책 전체에 걸쳐서 앞에서 나온 내용들이 반복 서술되는 경우가 많다는 것인데, 우리가 선택한 사유의 방식과 논지 전개를 위해 감수하지 않을 수 없는 부분이라 하겠습니다.

1. 조직오행 배속의 의미

우리는 **전략**을 조직의 木氣를 나타내는 요소로 삼았습니다.

보다 엄밀히 말하자면 조직의 木氣를 나타내는 제반 현상과 성질을 **전략**이란 개념으로 포착했다고 하겠습니다.

앞에서도 지적했듯이 이러한 개념화에 대한 문제제기는 당연히 나올 수 있겠습니다. 조직의 木氣가 있다면 이것이 어디 전략에서만 나타나겠습니까? 제도, 문화 등 조직의 여타 영역에서도 木氣는 당연히 나타날 수 있지 않겠습니까? 그렇다면 구태여 木氣를 **전략**이란 이미 고정된 의미를 가진, 그래서 木氣 전체를 대변하는 개념으로 설정하기에 한계가 있는 특정 개념으로 치환할 필요가 있는가 묻지 않을 수 없습니다. 그냥 木氣는 木氣로 두는 것이 당연하고 적절하지 않겠느냐는 것이지요.

이러한 질문은 조직현상이 아닌 다른 어떤 현상영역에 있어서도 제기될 수 있는, 소위 오행 배속 자체에 대한 문제제기입니다. 예를 들어 한의학에서는 '목-화-토-금-수'오행을 '간-심-비-폐-신'의 오장에 대응시키는데, 왜 구태여 목을 간으로 배속시키는가, 木氣가 꼭 간이란 장기에만 나타나란 법이 있는가 하는 질문과 같습니다.

1) 오행 배속과 意味의 상호 용해 작업

오행 배속이 가진 이러한 논란에 대한 대답의 하나로 우리는 오행 배속이 가지는 의미를 새로운 각도에서 조명해 보고자 합니다. 그것은 조직의 木氣를 전략으로 배속시킨다는 것이 木氣

란 추상적 개념을 전략이란 구체적 개념으로 제한시키는 것이 아니라, 거꾸로 전략이란 제한된 개념을 木氣라는 추상적 개념을 포괄하는 개념으로 확대시키는 것으로 보면 어떨까 하는 것이지요.

木氣를 전략이란 작은 그릇에 담는 것이 아니라, 전략을 木氣라는 바다에 풀어놓는다는 것입니다. 물론 이 과정에서 전략이 가지는 원래의 의미와 역할과 기능에 기대는 것도 사실입니다. 그래서 한편으로는 전략이 구축해 온 구체적 실천적 의미에 기대어 추상적 木氣의 개념에 형질을 입히면서, 다른 한편으로는 이 제한된 전략 개념을 보다 풍부하고 다채롭게 확대시키자는 것이지요.

이처럼 추상과 구체를 서로 품고 오가는 오행과 현상 요소의 개념적 연결 작업을 **意味의 상호 용해** 작업이라고 부를 수 있겠습니다.

실제 오행 배속에 있어서 意味의 용해 작업은 목-화-토-금-수가 형상화하는 나무-불-흙-쇠-물에서 출발합니다. 예를 들어 木氣가 형상화하는 **나무**라는 현상에서 전략의 본래 의미를 끄집어내고, 그 의미를 중심으로 조직의 관련 현상과 개념들을 하나의 意味體로 묶는 것입니다. 물론 이러한 意味의 상호 용해 작업은 앞서도 누차 지적한 것처럼 어디까지나 직관과 통찰에 의지한 작업이 될 수밖에 없겠습니다.

2) 상생·상극 관계와 오행에 대한 맥락적 사유

이처럼 직관과 통찰에 의지한 오행 배속의 타당성을 확인하는 방법이 있는데, 그것은 앞장에서 한 것처럼 오행 배속 결과를 오행 상생·상극 관계에 대입시켜 그것이 내용적(semantically)으로 의미가 있는지를 보는 것입니다.

예를 들어서 조직의 木氣를 전략으로 뒀을 때, 그것이 水生木, 木生火 관점에서 水와 火를 나타내는 조직요소와 과연 상생의 관계를 이루고 있는지, 또한 金克木, 木克土 관점에서 金과 土의 조직요소들과 상극관계를 이루고 있는지를 내용적으로 확인하는 것이 되겠습니다. 이것은 오행 요소의 의미를 그것이 가진 관계 안에서 맥락적(contextually)으로 찾고 확인한다는 뜻이 되겠습니다.

이러한 **맥락적 사유**는 사실 오행만이 가지는 매우 독특하고 흥미로운 속성입니다. 오행 요소는 그 자체로서가 아니라 오행의 나머지 네 요소와의 관계 안에서 비로소 그 존재 의미가 설정되고 성립된다는 것이지요. 그래서 오행의 다섯 요소는 항상 하나의 **통합체계**로 움직입니다. 이 오행의 맥락에서 벗어난 개별 요소를 논하는 것은 의미가 없습니다.

우리가 설정한 전략-열정-문화-제도-정보라는 조직오행도 마찬가지입니다. 예를 들어 전략을 전략 자체로만 다루는 것은 의미가 없으며, 항상 열정-문화-제도-정보와의 관계 안에서 그 의미와 역할과 기능이 다루어져야 하겠습니다.

2. 조직의 木氣와 전략

그렇다면 이처럼 木氣의 바다에 풀어 놓은 **전략**의 개념은 과연 무엇인가 묻게 됩니다. 이것은 오행 요소에 조직 개념의 **형질**을 입히는 문제인데, 이를 위해서 우리는 오행이 설명하는 木氣 개념의 본질을 알아야 하겠습니다. 그리고 이것과 전략경영에서 구축한 **전략** 개념을 서로에 용해시킬 수 있어야 하겠습니다.

우선 오행 개념 자체를 보겠습니다.

오행이 설정하는 木氣의 개념은 바로 나무란 질료에 비추어 木氣란 기운을 이해한다입니다. 이것이 오행이 요소의 개념을 구축하는 방법입니다.

나무는 생명을 가지고 자랍니다. 앞서 지적했듯이 목-화-토-금-수 오행 요소에서 생명을 가진 요소는 목이 유일합니다. 그래서 목은 항상 생명, 시작, 움직임 등을 나타냅니다. 또한 생명의 가장 근본 속성이라 할 수 있는 생존본능, 환경에 대한 도전과 적응 등을 나타냅니다.

조직의 木氣로 전략을 설정한다는 것은 이처럼 조직 생명의 태동을 함축하고 있는 개념으로 전략이란 意味體를 설정한다는 것입니다. 단순히 전략계획 등에 명기된 공식화 문서화된 전략이 아니라 조직의 사명과 비전, 이를 향한 의지, 그리고 행동의 계획과 실천 등 조직이 생명을 가지고 움직이게 하는 제반 동인들을 포괄적으로 일컫는 개념으로 전략을 규정한다는 것입니다.

이처럼 조직오행의 개념화는 오행 요소 자체의 의미를 살펴 이를 품는 작업입니다.[15]

木　火　土　金　水

---

15 이러한 의미의 용해를 통한 오행 배속 작업은 뒤에 동무 이제마의 사상체질을 논의하는 과정에서 새로운 의미로 다가오게 됩니다. 그것은 목-화-토-금-수라는 오행의 요소를 나무-불-흙-쇠-물이라는 현상에 기대어 인식하는 것이 생각처럼 단순한 직접적 대응관계 인식이 아닐 수 있다는 주장인데, 이것은 오행 배속에 대한 매우 근본적 문제 제기입니다. 이에 대한 자세한 논의는 뒤에서 하겠습니다.

이와 같이 전략을 조직의 木氣 곧 생명력 관점에서 설정한다고 했을 때, 이것은 우리 논의가 유기체적 조직관에 바탕을 두고 있다는 것을 의미합니다. 조직을 보는 데 있어서 조직을 정해진 법칙에 따라 작동하는 기계로 볼 것인가(a mechanistic view), 아니면 자기조절력을 가진 유기체로 볼 것인가(an organic view)는 조직이론에서 오래된 이슈입니다만, 조직오행은 당연히 후자의 유기체 관점을 전제하고 출발한다는 것이지요.

木氣 내지 생명력 관점에서의 전략 설정은 또한 전략을 소위 살아 있는 활동으로 만듭니다. 많은 조직에서 전략은 전략을 위한 전략으로 전락하고 있습니다. 조직마다 전략을 말하고 있지만 정작 조직을 살리고 바꾸는 데 있어서 전략은 아무런 영향력이 없는 하나의 의식(ritual) 내지 관행(routine)에 그치고 있다는 것이지요.

그래서 우리는 조직의 전략을 보면서 조직의 생명력을 가늠할 수 있습니다. 전략이 강한 조직은 생명력이 강한 조직이고 전략이 약한 조직은 생명력이 약한 조직입니다.

이처럼 **생명**이란 관점에서 본다면 전략의 핵심이 무엇이 되어야 하는가를 포착하는 것이 어렵지 않습니다. 예컨대 최근 전략적 기민성(agility)이 강조되고 있는데, 이것이 변화에 적절히 신속 유연하게 대응하는 생명의 특질을 나타내는 개념이라고 한다면 전략의 중심 개념으로 놓아도 무리가 없겠습니다.

반면에 이러한 전략적 기민성을 상실한 조직, 환경 변화에도 불구하고 이를 감지하지 못하며 기존의 전략에 매달려 오직 그 길만을 고집하는 조직은 전략 자체가 하나의 기능으로 **제도화**되어 버린 조직입니다. 이런 조직은 전략이 곧 생명이란 관점에서 본다면 한 마디로 죽은 조직이라 하겠습니다.[16]

정리하면 **전략**은 이처럼 조직의 **생명력**을 다루는 개념입니다. 조직을 하나의 유기체로 놓고, 그 유기체의 사명과 비전이 무엇인가, 또 그것을 달성하기 위해서 어떻게 움직여야 하는가를 알려주는, 한 마디로 조직을 살아 움직이게 하는 동인을 생성하고 가동시키는 것이 **전략**입니다.

오행은 이처럼 원래 전략이 표방했던 조직의 생명력을 木氣란 단 한 마디로 포착하게 합니다. 이 얼마나 절묘한 개념화인가 새삼 탄복하고 음미하지 않을 수 없습니다.

조직오행의 나머지 요소에 대해서도 이런 의미의 용해를 통한 개념의 재구성이 필요하겠습니다.

---

16 Henry Mintzberg 등은 당초 많은 주목과 기대를 받으면서 출발한 전략경영 분야가 이처럼 하나의 기능분야로 전락해서 더 이상 조직에 생명력을 부여하는 동인이 되지 못하는 현실을 정확히 지적하고 있습니다. (참조: Mintzberg, H., *The rise and fall of Strategic Planning*, Free Press, 1994)

3. 조직의 火氣와 열정

우리는 앞에서 조직오행의 火氣를 **열정**이란 意味體로 설정하였습니다. 서구 조직이론 개념으로 보자면 *Zeal and Aspiration* 정도가 되겠는데, 사실 이처럼 열정을 조직의 火氣로 배속시키는 데는 적지 않은 고민이 따릅니다. **전략, 문화, 제도, 정보** 등 다른 조직오행 요소들과 비교해 봤을 때 열정이란 요소가 가지는 조직 개념으로서의 위상이나 비중이 다소 떨어진다는 느낌 때문입니다. 이것은 火氣 자체가 가진 위상이나 비중 문제가 아니고, 이러한 火氣를 나타내는 적절한 조직현상의 意味體를 찾기가 쉽지 않다는 뜻입니다. 다시 말해서 火氣에 해당하는 조직의 意味體로 찾은 것이 **열정**인데, 이 **열정**이 아직 조직현상의 주요 구성개념으로 자리잡고 있지 못하다는 것이지요.

반면 개념의 위상이나 비중 관점에서 보면 **역량**(*capability*)이란 개념이 눈에 띕니다. **전략, 문화, 제도, 정보** 등과 견주어 손색이 없고, 최근 조직 연구에서도 매우 주목받고 있는 개념입니다. 아울러 일견 木生火, 火生土란 상생관계 관점에서 **전략**에 의해 生해지고 문화를 生하는 요소로 놓아도 크게 무리가 없는 개념으로 보이기도 합니다.

그러나 상극관계 관점에서 봤을 때 **역량**을 조직의 火氣로 놓는 데 주저하게 됩니다. 火는 水克火와 火克金, 두 상극관계에 참여하게 되는데, 이처럼 한편으로는 **정보**에 의해서 克해지고, 다른 한편으로는 **제도**를 克하는 요소를 **역량**으로 놓기에는 내용적(semantically)으로 무리가 따른다는 것이지요. **역량**이 정보에 의해 극해진다, 혹은 **역량**이 **제도**를 극한다고 보기는 힘들다는 것입니다. 반면 **열정**은 바로 이처럼 **정보**의 냉철함에 의해 다스려지고, **제도**의 딱딱함을 녹이는 매우 적절한 개념으로 떠오르게 됩니다. 또한 **불**이란 현상적 이미지와도 정확히 맞아떨어지고요.

그래서 **열정**은 이처럼 개념적 위상이나 비중 면에서 다른 조직오행 요소와 비교되기는 하나, 火氣가 뜻하는 의미를 포착하는 데 있어서는 상대적으로 적절한 意味體라 하겠습니다.

열정을 조직오행의 火氣로 놓기 위해서는 우선 火氣의 개념부터 살펴야 하겠습니다. 앞에서도 봤듯이 火는 木이 태동한 陽의 생명을 절정으로 치닫게 하는 기운입니다. 이러한 火의 특징은 분산과 화려함이고, 이를 **불**이란 형상에 비추어 이해한다면 불은 뜨겁고, 사물을 태워 삼키며, 일정한 형체가 없이 상하 좌우로 거칠고 거침없이 퍼지고 치솟는 이미지로 다가옵니다.

조직현상에 있어서 이러한 火氣의 형상을 포착하기는 어렵지 않습니다. 예를 들어 과거 한국의 조직문화 특징 중 하나로 신 바람이란 개념이 주목받은 적이 있는데, 바로 조직의 火氣를 형 상화하는 적절한 개념이라는 생각을 하게 됩니다. 신바람이 나 서 일하는 조직은 火氣가 강한 조직이란 것이지요. 반면 일하 는 데 신바람이 없는 조직은 火氣가 부족한 조직이고, 이 火氣 의 부족은 뒤에 나오겠지만 조직의 이상현상을 유발할 가능성 이 높다고 하겠습니다.

그 외 조직구성원의 사기(morale), 동기부여(motivation), 직무 만족(job satisfaction), 조직에 대한 의지와 충성도(organizational commitment and loyalty) 등, 조직의 火氣를 표상하는 것으로 볼 수 있는 개념들이 많이 있습니다.

아울러 이러한 火氣를 촉발하는 동인 관점에서 火氣를 접근 할 수도 있는데, 대표적인 것이 리더십 개념입니다. 예를 들어 CEO가 가진 전략적 의지(Strategic Intent)는 조직의 열정에 불을 지피고 조직으로 하여금 한계를 뛰어넘어 도약케 한다는 점에서 火氣와 무관하지 않은 개념이라 하겠습니다.

어쨌든 정리하면 조직의 火氣는 **조직이 설정한 목표를 향한 열정과 욕구**라는 意味體로 설정되며, 현재 조직현상을 구성하는 개념체계 안에서 이러한 火氣를 포착하는 많은 개념들을 만날 수 있습니다.

전략과의 관계에서 본다면 **열정**은 **전략**에서 제시된 조직의 비전과 목표를 기반으로 촉발되고 발휘됩니다. 따라서 아무리 내용적으로 충실하다 하더라도 이러한 **열정**을 生하지 못하는 전략은 **전략**으로서의 의미가 없다고 하겠습니다.

4. 조직의 土氣와 문화

조직의 土氣는 **문화**라는 意味體로 설정됩니다. **문화**는 사실 조직현상에 있어서 가장 포괄적 개념 중 하나입니다. **전략**이나 **제도**처럼 구체적으로 형상화되지 않는 현상이란 것이지요. 그래서 어떻게 보면 이처럼 특정 개념들로 포착되지 않는 조직현상들을 모두 모아서 담아 두는 일종의 잉여(residue) 개념으로 볼 수도 있습니다. 물론 **문화**는 이런 것이다 하고 **문화** 자체에 대한 엄밀한 개념화를 시도한 경우가 없지는 않습니다만, 그렇게 특정 개념으로 포착하고 남은 조직의 나머지 현상이나 행동은 무엇으로 부를 것인가 했을 때 역시 **문화**라는 개념 외에는 뾰족한 대안이 없는 것처럼 보입니다.[17]

오행에서 土가 하는 역할은 중화(中和)와 배태(胚胎)의 작용입니다. 중화는 앞에서도 나왔듯이 목-화의 陽과 금-수의 陰 가운데서 둘을 연결하고 조화시키는 작용이고, 배태는 土를 형상화하는 흙 혹은 大地가 하는 것처럼 모든 것을 품고 生하는 작용입니다.

이처럼 배태와 중화의 작용을 하는 土의 관점에서 **문화**의 개념을 재구성해 볼 수 있습니다. 바로 土와 **문화** 개념의 상호 용해 작업인데, 그랬을 때 주목하게 되는 것은 지금 우리가 가지고 있는 **문화** 개념이 매우 정태적이며 기계론적이라는 사실입니다. 현재 우리는 문화에 대해 어떤 적극적 작동 기능을 부여하는 데 인색하다고 할 수 있습니다. 다시 말해서 문화를 앞에서도 지적했듯이 하나의 잉여 개념, 전통과 역사의 침전물 정도로 인식하는 경향이 있고, 그러다 보니까 조직 작동에 적극적으로 작용하는 요소로서 인정하지 않는 것이지요.

17 참조: Schein, E.H., *Organizational Culture and Leadership*, 3rd Ed., Jossey-Bass, 2005; Hofstede, G., *Culture and Organization*, International Studies of Management & Organization, 1980

그래서 문화는 다분히 수동적 정태적 요소로 그 의미가 축소되어 있습니다. 반면 문화에 이러한 조직 작동 기능을 부여하고자 하는 시도가 당연히 없지 않은데, 그 경우에는 역으로 그 기능 자체를 오히려 지나치게 기계론적 결정론적으로 해석하려는 경향이 있습니다. 예를 들어 최근 학습과 **혁신**의 중요성이 부각되면서 그 동인을 조직 문화로 설정하는 경우가 많은데, 이처럼 문화를 특정한 행동양식을 제조해 내는 공장처럼 인식한다는 것이지요.

오행의 土氣를 목−화의 陽에서 금−수의 陰으로의 신비한 변환을 일으키는 주체로 본다면, 실제 이러한 정태적 기계론적 문화 개념은 매우 제한된 土氣의 개념화라 하지 않을 수 없겠습니다. 단편적 예이긴 합니다만 이런 배태와 중화, 생성과 결실의 기능을 하는 조직 요소, 예컨대 조직 내 **갈등조정** 장치 같은 요소가 현재는 문화와는 전혀 무관한 구조와 제도의 문제로만 다루어지고 있는 것을 봐도 그렇습니다.

이처럼 오행 배속 과정에서 드러나는 제한된 개념화 문제는 단순히 개념의 너비나 깊이 차이가 아니라 보다 근본적 인식과 사유의 차이에서 비롯되는데, 이에 대한 논의는 뒤에 나오는 제도의 경우에서 다루기로 하겠습니다.

어쨌든 이처럼 조직의 土氣와 문화의 상호 의미의 용해 작업을 통해서 우리는 조직 문화 개념에 대한 우리의 인식과 이해의 지평을 넓히게 됩니다. 이것은 조직오행 배속 과정에서 우리가 얻게 되는 큰 소득이 아닐 수 없겠습니다.[18]

5. 조직의 金氣와 제도

이제 조직의 金氣를 나타내는 意味體로서 **제도**를 보겠습니다. 오행의 金氣는 木과 火의 陽이 土의 중화와 배태를 거쳐 金이란 형태로 음화(陰化)하는 것을 나타냅니다. 여기서 음화(陰化)란 陽을 포장하고 잠복시키는 작용으로서, 한동석의 표현에 따르면, **표양(表陽)이 이면(裏面)으로 잠복하려는 수장(收藏)의 최초 단계로서 외곽이 경변(硬變)하여 양기(陽氣)를 포장하는 것**이라고 되어 있습니다.[19] 다소 난해한 설명이긴 합니다만 이것을 풀어 보자면, 金氣가 전달하는 의미는 어떤 외적인 현상을 내적인 원리로 내재화시키기, 이것을 구체적 형상으로 고정시키고 지속시키기 등입니다. 金이라는 쇠붙이가 주는 굳고 딱딱함, 경

---

18 물론 이러한 논의 자체가 **문화**에 대한 필자의 극히 제한되고 편협한, 또 경우에 따라서는 전혀 왜곡된 이해의 한계를 드러내는 것에 지나지 않으며, 그래서 문화란 주제를 붙들고 평생을 씨름해 온 연구자들한테 용서받지 못할 결례(disgrace)를 범하는 것이 될 수 있겠습니다. 이것은 소위 학문간 경계를 가로지르고자 하는 모든 학제적 시도에서 피할 수 없이 부닥치게 되는 한계이고 위험이라 하겠으며, 따라서 이

직과 고착, 이런 이미지도 같이 따라 나오고요.

이러한 오행 金氣의 의미에 가장 가까운 조직 意味體를 찾는다면 바로 **제도(制度: Institution and structure)**일 것입니다. 조직은 알다시피 제도란 형태로 존재합니다. 조직의 작동원리와 행동규범은 제도에 내재화되고, 이러한 제도는 조직이란 추상체에 형질을 입혀 하나의 실질적 기능체로 탄생시키며, 이를 지속적으로 지탱하고 유지시킵니다. 물론 이러한 제도의 등장에는 앞서 지적한 대로 문화란 토양이 하는 중화와 배태, 성숙과 결실의 역할을 빼놓을 수 없겠습니다.

제도가 가진 이미지는 쇠붙이처럼 딱딱하고 굳어 있는 이미지입니다. 한번 세워지면 쉽게 바뀌지 않는 **경직성**이 되겠지요. 그래서 제도는 조직의 木氣인 전략이 가지는 유연성과 대비됩니다. 전략의 반대 극점에서 그 유연성을 저해하고, 오직 조직의 火氣인 열정만이 그 경직성을 용해하고 극복할 수 있게 합니다. 제도의 성질은 또 있습니다. 바로 쇠붙이가 가진 성질, 곧 울리는 성질인데, 제도는 이처럼 조직 전체를 공명하면서 조직의 고유한 파장을 만들어내는 것이라고도 하겠습니다.[20]

木　火　土　金　水

책의 모든 논의는 이러한 한계와 위험을 인정한다는 전제 위에서 진행되어야 하겠습니다.

19 한동석, *우주 變化의 원리*, 대원출판, 2003, p.70~71
20 이러한 성질은 이경숙이 이야기하는 오행 요소의 본성과 극성의 관점에서 살펴볼 수 있는데, 이에 대한 논의는 뒤에 하겠습니다. (참조: 이경숙, *기의 여행*, 도서출판 구름, 2009)

이처럼 조직의 金氣는 **제도**란 의미체로 표상되고 치환되는데, 이러한 金氣로서의 제도에 대한 조명은 제도, 나아가 조직현상을 보는 우리의 사유방식을 근본적으로 되돌아보게 합니다.

사실 제도나 구조의 문제는 사회과학에 있어서 가장 근간이 되는 명제라 할 수 있습니다. 기본적으로 사회과학이 다루는 문제가 개인과 사회적 제도나 구조의 상호작용에서 출발한다고 본다면 말이지요. 그런데 이러한 제도를 다루는 데 있어서 오행이 제시하는 사유방식이 기존의 사회과학적 사유방식과 미묘한 차이를 보인다는 것입니다. 그 차이는 구태여 이름 붙이자면 **주체론적 결과론적 사유**와 **과정론적 생성론적** 사유의 차이라 하겠는데, 설명하자면 이런 것입니다.

기존 사회과학은 제도를 하나의 기능적 주체로 설정합니다. 그리고 그것과 또 다른 기능적 주체인 개인과의 상호작용 관계를 봅니다. 그 상호작용이 서로에게 남기는 흔적의 결과를 본다고 할까요. 상호작용으로 인해서 각 주체의 영역, 곧 개인의 행동이나 성향, 사회적 제도나 구조에 야기되는 변화, 그것이 전체적으로 집적되는 양상, 그리고 그 변화의 궤적, 이런 것들을 추적하고 조망하는 것이지요. 이를 제도에 대한 소위 **주체론적 결과론적** 사유라고 부를 수 있겠습니다.

오행적 사유는 조금 다릅니다. 오행의 金氣가 시사하는 것은 결과보다는 과정, 그리고 그 과정에 작용하는 힘(氣)입니다. 무슨 말이냐 하면, 결과적으로 나타나는 제도 그 자체보다도 그러한 제도를 생성하는 과정과 힘, 소위 陽을 陰으로 포장하는 陰化의 과정과 그 과정에 작용하는 힘 자체가 오행이 표상하는 金氣란 것입니다. 그래서 오행이 제도에 대해 가지는 사유는 다분히 **과정론적 생성론적** 사유라 할 수 있습니다.

이처럼 오행의 과정론적 생성론적 사유는 제도를 논하되 그 제도를 하나의 기능적 주체로 설정하여 고정시키지 않으며, 거기에 제도의 개념을 가두거나 묶지 않습니다. 이러한 오행적 사유는 사실 서구의 소위 포스트모던적 사유와 밀접하게 연계되어 있는데, 이것은 뒤에서 들뢰즈와 가타리의 탈영토적 생성적 사유를 논하면서 보다 자세히 다루도록 하겠습니다.[21]

어쨌든 조직의 金氣와 제도를 연결하면서 포착하게 되는 이러한 사유방식의 차이는 사실 金氣뿐 아니라 오행 목-화-토-금-수 모든 요소에 해당하는 문제라 하겠는데, 왜 유독 金氣를

21 참조: 이진경, *노마디즘: 천의 고원을 넘나드는 유쾌한 철학적 유목*, 휴머니스트, 2002

다루는 지금에서 드러나게 되는지 생각해 볼 필요가 있습니다. 그 이유는 아마도 제도란 개념이 가진 포괄성 때문이 아닌가 하는 생각이 듭니다.

앞에서 전략-열정-문화를 목기-화기-토기와 연결시키는 데 있어서 가장 먼저 눈에 띈 차이는 개념적 너비(breadth)와 깊이(depth)의 차이였습니다.

예컨대 전략의 개념은 지나치게 좁고 구체적이었으며, 열정은 아직 개념적 경계나 위상이 분명치 않았고, 문화는 잉여적이고 수동적 개념이었습니다. 그래서 오행 각 요소와 연결시키는데 있어서는 이러한 개념적 너비와 깊이의 문제를 먼저 짚지 않을 수 없었다는 것이지요.

반면 제도의 개념은 조금 다릅니다. 소위 사회과학의 근본 명제로서 가장 포괄적 개념적 너비와 깊이를 가지고 있으며, 따라서 오행 金氣와의 연결을 앞의 전략-열정-문화의 경우처럼 단순히 개념의 너비와 깊이의 차이로만 파악하기에는 미흡하다는 것이지요. 그래서 드러나게 되는 것이 바로 金氣와 제도를 인식하는 사유방식의 차이라 하겠습니다.

이처럼 제도를 조망하는 관점의 전환, 다시 말해서 **제도란 조직오행 요소를 과정론적 생성론적** 意味體로 파악하는 것이 조직

金氣의 배속과 그 의미의 상호 용해 작업에서 얻게 되는 중요한 소득이라 하겠습니다.

6. 조직의 水氣와 정보

오행의 마지막 요소로 水氣를 보겠습니다. 오행의 水氣는 조직에 있어서 **정보(情報)**란 意味體로 치환됩니다. 한동석은 水氣를 核(식물)과 精(동물)의 부고(府庫)이고 생명과 형체의 본원이며 통일과 분열의 기반으로서 형체와 정신을 만드는 두 요소를 모두 지니고 있는 것이다라고 설명합니다.[22]

이러한 설명은 사실 언뜻 와 닿지 않는 난해한 설명인데, 이처럼 난해한 설명을 이해하는 한 가지 방법은 水氣를 음양의 순환 대대 관점에서 사계절의 변화에 견주어 이해하는 것입니다.

水氣는 사계절로 치자면 겨울에 해당합니다. 알다시피 겨울은 봄과 여름의 화려하게 만개한 생명을 가을의 추수로 거두어들여 땅 속에 품는 상태, 생명의 수장 잠복 응고 상태입니다.

비록 땅은 얼어 있지만 그 언 땅 속에 다음 봄에 태동하고 발아할 생명을 품고 있다는 것이지요.

조직의 水氣를 이처럼 봄을 준비하는 겨울, 그 겨울이 함장하고 있는 생명의 씨앗으로 이해한다고 했을 때, 그 水氣에 치환되는 **정보**라는 意味體가 가지는 의미는 새로운 차원으로 다가오게 됩니다. 단순히 현실에 대한 기록이나 서술, 혹은 이를 활용한 의사결정, 혹은 더 나아가서 지식의 생성 축적과 이에 기반한 지식경영 등, 기존의 정보가 가졌던 의미들이 소위 **조직 생명과 형체의 핵심**이란 보다 근원적 차원의 의미로 심화 확대된다는 것이지요.

그런데 이처럼 오행 水氣의 관점에서 **정보**의 의미를 재구성하면서 우리가 다시 한 번 음미하게 되는 것이 음양의 순환 유행 대대의 과정입니다.

음양의 순환 유행 대대 관점에서 보면 水氣는 오행 중 가장 陰적인 요소이며, 아울러 陽으로 발아될 가능성이 가장 높은, 그래서 역설적으로 陽에 가장 가까이 다가가 있는 요소입니다. 여기서 가장 陰적이라는 것은 陽의 기운이 수렴되고 정제되고 단련되고 숙성되어 하나의 결정체로 결집되어 있다는 뜻이고, 가장 陽에 가깝다는 것은 이 陰적 결정체가 어느 한 순간 껍질을 깨고 발아하여 생명으로의 폭발적 태동을 기다리고 있다는 뜻입니다. 이처럼 음양의 전개에 있어서 가장 陰적이면서 동시에 가장 陽에 가까운 것이야말로 소위 생명과 형체의 핵심이라 하지 않을 수 없겠고, 우리는 이것을 정보라는 意味體로 놓는다는 것입니다.

결국 이처럼 음양의 순환 대대 유행이란 맥락 안에서 오행을 바라봤을 때 비로소 오행 水氣의 개념과 이에 치환되는 정보의 의미가 제대로 포착된다는 것을 알 수 있습니다.

이렇게 오행 水氣와 정보를 연결하면서 오행 배속 작업에 대한 또 다른 시사점을 얻습니다. 우선 조직의 水氣로 정보라는 意味體를 설정하는 데 있어서 이것이 보다 水氣의 개념에 의해 주도됨을 봅니다. 다시 말해서 오행 水氣와 정보가 가진 의미의 상호 용해 작업에서 정보 원래의 의미에 기대는 정도보다 오행 水氣, 특히 음양의 전개 과정에서 水氣가 가지는 의미와 역할에 기대는 정도가 훨씬 크다는 것입니다.

이것은 오행 배속에 있어서 오행 요소의 의미에 기대는 정도가 요소에 따라서 차이가 있을 수 있음을 알게 합니다. 예컨대 오행 木氣를 다루는 데 있어서는 추상적 木氣의 개념을 구체적 전략의 개념에 기대어 이해하고자 한 측면이 강했던 반면, 金氣와 제도를 연결시키는 데 있어서는 각각에 기대는 정도가 비슷했고, 지금처럼 水氣와 정보의 연결에 있어서는 오히려 오행 水氣의 의미에 기대는 정도가 크다는 것이지요.

결국 오행 水氣 배속에 있어서 우리는 가장 陰적이면서 가장 陽에 가깝고, 그래서 조직 생명과 형체의 핵심이 되는 것을 일단 **정보**라 부르기로 한다고 선언하고 출발하는 것이라고 할 수 있겠습니다. 그래야만 음양 전개 관점에서 水氣로서의 **정보**가 가져야 할 의미를 포획(capture)할 수 있으니까요. 반면 정보 원래의 의미를 되돌아보면서 이 **정보**란 意味體의 내용을 채우는 것은 그 다음 문제가 되겠습니다.

물론 이러한 차이는 하나의 意味體를 구축하는 과정에서 우리가 인지적으로 경험하는 매우 미묘한 차이이고, 결과적으로 구축되는 意味體의 내용에 있어서는 우리가 어디서 출발했고 어디에 많이 기대었느냐에 상관없이 큰 차이가 없다고도 하겠습니다. 다만 이러한 차이를 명시적으로 인정하고 적시해 두는 것이 향후 오행 사유의 엄밀성을 보다 본격적으로 추구해야 할 경우 도움이 될 수 있다고 하겠습니다.

어쨌든 하나의 선언으로 출발한 **정보**이지만 그 의미는 水氣가 가지는 **물**이란 표상을 통해 채워나갈 수 있습니다. 실제 **물**이란 표상은 정보의 이미지를 형성하는 데 중요한 역할을 합니다. 예를 들어 물에 흐름(flow)이란 성질이 있듯이 정보도 흐르지 않으면 안 됩니다.

이러한 흐름으로서의 정보에 대한 논의는 사실 오래 전부터 있어왔기 때문에 별반 새로운 것은 아니지만, 이것은 거꾸로 우리가 그만큼 정보를 무의식적으로라도 물에 상응하는 이미지로 파악해 왔다는 반증이기도 합니다. 또한 정보의 고갈이나 정보의 홍수, 이런 표현들이 우리에게 익숙하다는 것도 마찬가지로 정보와 물 사이의 연상 작용 관계를 보여줍니다.

물은 이처럼 정보의 이미지에 대한 유비도 되지만, 더 나아가서 소위 **생명의 조건**이라는 측면에서도 정보의 의미를 뒷받침하고 있습니다. 우주에서 물의 존재 여부를 탐사하는 이유는 물이 생명체가 존재할 수 있는 기본 조건이라고 보기 때문인데, 이 같은 물의 성질에 대한 유비를 조직의 水氣, 곧 **정보**의 의미를 형성하는 데도 적용할 수 있다는 것이지요. 이 유비에 따르면 **정보**는 조직 생명의 전제조건이 됩니다. 정보로부터 조직의 생명이 태동하고 발아하며, 역으로 정보가 없는 상태에서는 조직 생명이 나타날 수 없다는 것입니다.

앞서 조직의 木氣로서 전략을 논하는 자리에서 우리는 전략에 조직의 생명력이란 의미를 부여했는데, 이처럼 정보가 바로 이러한 조직의 생명력, 곧 전략의 전제조건이 된다는 설명은 상당한 설득력을 가지고 다가온다고 할 수 있습니다. 아울러 이렇게 본다면 조직 안에서 흘러다니는 정보는 아무리 하찮은 것이라 할지라도 조직의 생명을 탄생시키는 데 있어서 없어서는 안 될 필수 요소와 조건으로 작용한다고 하겠습니다.

조직오행
상생·상극 관계론

4

1. 조직오행 상생·상극 관계의 명제들

2. 오행 상생·상극 관계의 의미구조

3. 상생·상극 관계의 중첩과 오행 생성 원리

4. 오행 상생·상극 설명논리에 대한 고찰

우리는 앞에서 조직의 목-화-토-금-수 **오행 배속**의 의미를 살펴보았는데, 이제 이와 더불어 조직오행 **상생·상극 관계론**의 의미를 살펴보도록 하겠습니다.

오행 상생·상극 관계는 지금까지 관계의 형식논리 정도로 간단히 소개하였습니다만, 이러한 상생·상극 관계가 조직현상에서 어떤 의미와 시사점을 가지는지를 좀 더 깊이 있게 들여다볼 필요가 있다는 것이지요. 기억하시는 대로 우리가 조직오행 개념체계를 구축하는 길은 이처럼 소위 점증적 심화를 통해서 입니다.

이 장에서는 크게 네 가지 작업을 수행하겠습니다. 먼저 조직오행 상생·상극 명제들을 놓고 각 명제들이 가진 표면적 의미를 다시 한 번 해석하고 정리하도록 하겠습니다. 다음으로 상생·상극 관계가 가진 복합적 중층적 의미구조를 적시하고 이것이 상생·상극 관계 해석에 어떻게 적용되어야 하는지를 보겠습니다. 그런 다음 오행 상생·상극 관계가 어떻게 하나의 우주론적 생성 원리로 해석되고 제시되는지를 보겠습니다. 끝으로 그러한 생성 원리로서의 오행이 가진 존재론적 인식론적 함의를 보겠습니다.

1. 조직오행 상생·상극 관계의 명제들

조직오행 상생·상극 관계는 앞에서 살펴본 대로 상생의 명제와 상극의 명제로 이루어집니다. 조직의 목−화−토−금−수로 전략−열정−문화−제도−정보를 설정하고 이들을 생(生)과 극(克)의 관계로 대응시킨 것이 상생·상극 명제들인데, 각 5개의 상생과 상극 명제가 성립하는 것을 보았습니다.

이러한 상생·상극 명제는 해석에 있어서 상당한 주의를 요하는데, 여기서는 우선 각 명제가 가진 표면적 의미부터 살펴보도록 하겠습니다. 먼저 상생·상극 관계를 읽는 법부터 보도록 하지요.[23]

1) 오행 상생·상극 관계 읽기 − 관수모자 관계

오행을 이루는 다섯 요소는 각기 나머지 네 요소와 상생 혹은 상극 관계를 맺습니다. 이 관계를 관(官), 수(讐), 모(母), 자

---

23 시작하기에 앞서서 미리 짚어 둘 것이 있습니다. 그것은 상생·상극 명제 하나하나에 대한 논의는 다소 개략적이고 피상적일 수밖에 없다는 점입니다. 이것은 오행 관계란 항상 상생·상극 관계 전체가 하나의 세트로 통합적으로 다루어질 때 그 온전한 해석이 가능하다는, 소위 오행 관계의 포괄성에서 비롯되는 제약인데, 뒤에 상생·상극의 의미구조에서 좀 더 자세히 다루도록 하겠습니다.

(子)의 관계로 부르도록 하겠습니다.

여기서 관(官)은 나를 극(克)하는 요소이고, 수(讐)는 나에게서 극(克)을 당하는 요소이며, 모(母)는 나를 생(生)하는 요소이고, 자(子)는 내가 생(生)하는 요소를 말합니다. 다음의 〈그림 3〉은 나를 목(木)으로 놓았을 때의 관(官), 수(讐), 모(母), 자(子) 관계를 보여주고 있습니다.[24]

〈그림 3〉에서 본다면 상생은 한 요소가 바로 이웃한 두 요소인 모(母)와 자(子)와 맺는 관계입니다. 반면, 상극은 이러한 이웃이 아닌 나머지 두 요소, 관(官)과 수(讐)와 맺는 관계입니다.

오행의 요소는 이처럼 나머지 네 요소와 함께 한편으로는 모(母)자(子)와 같은 소위 순리와 질서의 관계, 다른 한편으로는 관(官)수(讐)와 같은 대립과 억제의 관계를 형성합니다.

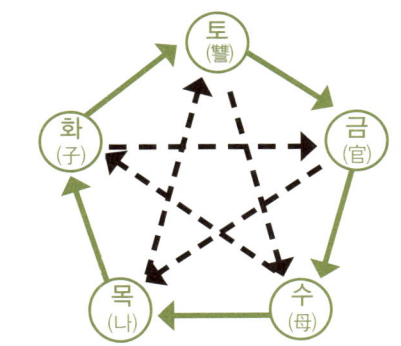

〈그림 3〉 오행의 관수모자 관계 (목을 나로 둘 경우)

24 오행 상생·상극 관계의 표기 방식은 박용규(입체 음양오행, 태웅출판사, 2005)를 참조하였습니다. 여기서 관(官)은 벼슬아치 官이고, 수(讐)는 원수 수(讐)입니다.

2) 조직오행 상생의 명제들

오행의 상생은 목-화-토-금-수 오행이 이루는 *母子* 관계, 곧 목生화, 화生토, 토生금, 금生수, 수生목의 관계입니다. 여기에 조직의 전략-열정-문화-제도-정보를 대입하면 5개의 조직 상생의 명제들이 나옵니다. 모두 조직오행 요소의 *母*와 *子*가 생(生)의 관계로 묶이는 관계들입니다.

> **상생명제 1 : 전략은 열정을 낳는다**

전략은 조직의 생명력이고 이 생명력으로서의 전략은 조직의 **열정**을 낳습니다. 여기서 **열정**은 생명을 화려하게 불태우는 것, 음양으로 치자면 陽이 만개하는 것이 되겠습니다. 앞서 오행 배속에서 **전략**과 **열정**을 각각 하나의 복합적 意味體로 설정하였는데, 이제 그 意味體들이 상생, 곧 낳는다 혹은 생(生)한다 관계로 서로 엮인다는 것이지요.

이러한 生함은 소위 *母子*관계입니다. 그래서 이러한 *母子*관계로 본다면 전략과 열정은 결코 떼려야 뗄 수 없는 관계입니다. 열정을 生하는 전략, 또 그러한 전략이 生하는 열정을 따로 떼어서 생각할 수 없다는 것이지요. 이것은 바꾸어 말하면, 열정을 生하지 못하는 전략은 죽은 전략이고, 전략에서 비롯되지 않는 열정은 근거 없는 열정이란 것입니다. 전략과 열정이 이런 生함 관계로 엮일 때 조직은 생명을 지속시키며 그 생명은 화려하게 만개할 수 있다는 것이 이 명제의 해석입니다.

상생명제 2: 열정은 문화를 낳는다

조직의 **열정**은 조직의 **문화**를 낳습니다. 열정은 조직의 목표를 향한 열심과 욕구이며, 이러한 열정이 조직의 가치관, 규범, 그리고 바람직한 행동양태를 낳는다는 것입니다. 문화는 조직의 가장 근본이 되는 토대인데, 이러한 문화의 모태이자 발원지로 조직의 **열정**을 둔다는 것은 매우 흥미로운 주장입니다. 이것은 되짚어 본다면, 이처럼 **열정**에서 출발하여 그 열정의 **용광로**를 거치지 않은 조직의 가치관, 규범, 행동양태는 의미가 없다는 뜻이 되겠습니다. 다시 말해서 인공적으로 주입되는 혹은 강요되는 가치관, 규범, 행동양태는 결코 조직의 진정한 문화가 되지 못한다. 이들이 진정한 의미에서의 조직 문화로 형성되려면 이처럼 소위 열정의 **제련** 과정을 통과해야 한다는 것이 이 명제의 해석이 되겠습니다.

상생명제 3: 문화는 제도를 낳는다

조직의 **문화**는 조직의 **제도**를 낳습니다. 여기서 낳는다는 말은 문화가 내포한 제반 가치관, 규범, 행동양태 등을 **제도**란 형태로 **형상화시킨다**, **구체화시킨다**, **내재화시킨다**, 이런 의미가 되겠습니다. 또한 음양의 전이 관점으로 보자면, 전략과 열정이 가진 陽의 기운을 **제도**와 **정보**란 陰의 기운으로 바꾸는, 소위 土氣로서의 문화가 가진 **배태**와 **중화**의 작용이 일어나는 관계에 대한 명제가 되겠습니다.

상생명제 4: 제도는 정보를 낳는다

조직의 **제도**는 조직의 **정보**를 生한다는 명제입니다. 이처럼 **정보**의 모태와 발원지로 **제도**를 설정한다는 것은 앞서 **열정과 문화**의 경우처럼 매우 흥미로운 주장입니다.

소위 조직이 생성하는 정보의 종류, 범위, 내용 등이 **제도**에 의해 상당 부분 **선험적**(*a priori*), **선행적**(*ex ante*)으로 규정된다는 의미인데, 이것을 제도가 정보에 대해 가진 **선행성**(*precedence*) 혹은 **우월성**(*supremacy*)이라고 할 수 있을까요.

이것은 거꾸로 조직 내 **정보**의 내용이나 흐름을 바꾸려면 **제도**를 바꾸라는 주장으로 이어질 수도 있겠습니다. 어쨌든 **정보**가 이처럼 **제도**에 의해 유발(structure-driven)되고 또 **제도**에 귀속(structure-bound)된다는 지적은 기존 조직이론에서 별로 강조되지 않은, 매우 음미할 만한 주장이라 하지 않을 수 없습니다.

상생명제 5: 정보는 전략을 낳는다

상생의 마지막 명제는 **정보**는 **전략**을 生한다는 명제입니다. **전략**은 조직의 생명인데, 이러한 생명을 태동시키는 발원지가 **정보**란 것이지요. 그래서 이 명제가 내포하는 것은 글자 그대로 소위 **잉태**와 **출산**의 이미지입니다. 정보라는 자궁(womb)에서 조직 생명으로서의 전략이 잉태되고 숙성되며 그래서 마침내 조직을 살아 움직이게 하는 비전과 의지와 전략의 모습으로 세상에 태어나게 된다는 것이지요. 生함의 원래 의미에 가장 가까운 生함이라고 할까요. 어쨌든 앞에서 조직의 水氣로서 정보의 意味體를 구성하면서 이것을 **조직 생명과 형체의 핵심이며 부**고라고 설정했던 것을 기억한다면, 정보가 **전략**을 生한다는 이 명제의 의미를 포착하는 것은 크게 어렵지 않겠습니다.

3) 조직오행 상극의 명제들

다음은 상극의 명제들을 보겠습니다. 오행 상극은 목-화-토-금-수가 이루는 목克토, 토克수, 수克화, 화克금, 금克목의 관계이고, 여기에 조직오행의 전략-열정-문화-제도-정보를 대입하면 5개의 상극명제들이 나옵니다. 이러한 상극명제들은 모두 조직오행 요소의 관(官)과 수(讐) 사이에 형성되는 관계들입니다.

우선 상극관계를 규정짓는 것이 바로 극(克)이란 개념인데, 그 극(克)의 의미를 파악한다는 것이 생각처럼 그렇게 간단하지는 않습니다. 앞서 상생명제에서 생(生) 개념이 그랬던 것처럼, 극(克) 개념 역시 다양한 의미로 해석될 수 있다는 것이지요. 상극에서 克은 우리가 통상적으로 **대립**과 **억제**의 의미로 이해하게 되는데, 이것은 말 그대로 표면적 일차원적 해석이고, 뒤에 나오는 대로 극(克) 개념에 만물의 생성원리로서의 의미를 부여해서 보다 심층적으로 해석하기도 합니다. 여기서는 우선 극(克)의 일반적 의미에 비추어 상극명제를 설명하도록 하겠습니다.

상극명제 1: 전략은 문화를 이긴다

상극의 첫 번째 명제는 **전략(木)**과 문화(土)의 관계입니다. 목克토, 곧 **전략**은 문화를 이긴다는 명제이지요. 여기서 이긴다는 말은 문화의 틀을 깨부순다, 그 영향력에서 스스로 벗어난다 등의 의미가 되겠습니다. 문화는 모든 조직현상과 활동에 영향을 미치는 조직의 근본적이고 항속적 토대인데, 이러한 문화의 영향에서 벗어나 그 문화를 바꿀 수 있는 조직의 동인이 바로 전략이라는 것입니다. 이 명제는 앞에서 나온 상생의 명제와 같이 놓고 보면 훨씬 풍부한 의미로 다가옵니다. 곧 기존의 정체된 가치관, 규범, 행동양태의 틀을 깨부수고, 그 자리에 새로운 가치관, 규범, 행동양태를 뿌리내리게 하는 것이 무엇인가 했을 때, 그것을 바로 한편으로는 **전략**을 통해 낡은 문화를 克하는 상극, 다른 한편으로는 **열정**을 통해 새로운 문화를 生하는 상생, 이 두 오행 원리가 작용해서 이루는 결과로 설명할 수 있겠습니다.

상극명제 2: 문화는 정보를 누른다

문화(土)는 정보(水)를 누른다는 것이 상극의 두 번째 명제입니다. 이 명제는 오행의 **土克수**에서 나온 명제인데, 원래 의미는 흙으로 담을 쌓아 물길을 막거나 흐르는 길을 튼다는 뜻입니다. 그래서 여기서 **누른**다는 것은 문화가 조직 내 정보의 생성과 흐름을 걸러내고 다스린다는 의미로 해석할 수 있겠습니다. 곧 정보의 무분별한 생성을 제어하고, 그 내용과 수위를 조절하며, 이것이 적절한 방향과 장소로 흐르도록 인도하고 통제한다는 것입니다. 조직이 정보에 의해 매몰되지 않게 정보를 선별해낸다는 의미도 있겠고요. 이처럼 문화와 정보의 관계는 선별(screening), 제어(dictate), 인도(directing), 조절과 통제(controlling) 등의 여러 의미가 내포된 복합적 관계라 하겠습니다.

해석에서 한 가지 주의할 점은 이러한 관계를 **의도적** 관계로 읽어서는 안 된다는 점입니다. 가령 문화가 정보를 놓고 이번에는 어떤 내용을 걸러내며 어느 정도의 수위로 다스리겠다는 식으로 어떤 생각과 의지를 가지고 정보와 관계하게 되는 것이 아니라는 것인데, 이것은 뒤에 나오겠습니다만, '모든 상생·상극 관계는 의도적이기보다는 **본능적이다**'라는 관점에서 해석할 것을 주문하고 있습니다. 생각과 의지가 개입되지 않은 자동적, 자연발생적 관계가 상생·상극의 관계라는 것입니다.

상극명제 3 : 정보는 열정을 식힌다

다음은 **정보(水)**와 **열정(火)**의 상극명제입니다. **수克화**, 곧 물이 불을 식히는 것처럼 **정보**는 **열정**을 식힌다는 명제이지요. 그런데 여기서 식힌다는 것을 말 그대로 **없앤다** 혹은 **죽인다**는 의미로 해석하면 곤란할 것으로 보입니다. 열정을 식히고 죽인다는 것은 조직 자체를 죽인다는 말과 별반 다르지 않기 때문입니다. 그래서 식힌다는 말의 의미를 적절히 해석하는 것이 필요하겠는데, 이것을 **집중(focus)**시킨다는 의미로 해석하면 비교적 적절한 해석이 될 것 같습니다.

조직의 열정이 넘쳐서 지나치게 많은 일들을 벌여 놓았을 때, 정보를 통해 이러한 조직의 열정을 한군데로 집중시키는 것이지요. 이러한 정보와 열정의 상극관계는 나중에 상생·상극 보사법칙에서 다시 살피겠습니다만, 어쨌든 무분별하고 절제되지 않은 조직의 열정을 모으고 가지치고 쏠리게 하는 관계라 하겠습니다.

상극명제 4 : 열정은 제도를 흔든다

다음은 **열정(火)**은 **제도(金)**를 흔든다는 **화克금** 명제입니다. 제도는 조직의 작동방식과 행동규범으로서 경직되고 고착되어 있는데, 이러한 제도를 **열정**이 흔들고 녹인다는 것이지요. 여기서 흔들고 녹인다는 것은 이러한 경직되고 고착된 조직 작동방식과 행동규범에 **저항**하고 이를 **극복**하고자 하는 것이라 하겠습니다.

이 상극관계에서 주목할 것은 이러한 저항과 극복이 일어나는 방식입니다. 크게 두 가지를 지적할 수 있는데, 하나는 저항과 극복을 **과정적·생성적** 현상으로 해석해야 한다는 점입니다. 무슨 말이냐 하면, 앞서 조직의 **金氣**로서의 **제도**를 설명하면서 이것이 가진 **과정적·생성적** 측면을 강조한 바 있는데, 이처럼 제도 자체를 과정적·생성적 의미로 파악한다면, 이에 대한 저항과 극복 역시 과정적·생성적 관점에서 파악해야 한다는 것입니다. 다시 말해서 제도에 대한 저항과 극복은 조직이 작동하는 과정에서 매 순간 일어나고 부닥치는 역동적 사건으로 해석할 필요가 있습니다.

다른 하나는 저항과 극복의 대상이 무엇인가 하는 문제입니다. 일반적으로 제도화의 결과물, 곧 내재화 고착화된 조직의 작동방식과 행동규범만을 저항과 극복의 대상으로 생각하기 쉬우나, 정작 가장 근본적인 저항과 극복은 그러한 제도화 자체, 곧 조직의 작동방식과 행동규범을 내재화 고착화시키고자 하는 성향 자체에 대한 저항과 극복일 수 있음을 기억해야 한다는 것이지요. 어쨌든 **열정**은 제도화가 가진 경직성과 고착화에 대한 근본적 저항과 극복을 촉발하고 가능케 하는 유일한 조직 동인이 된다는 것이 이 명제의 해석이 되겠습니다.

상극명제 5: 제도는 전략을 발목잡는다

마지막으로 다룰 상극명제는 **제도**(金)와 **전략**(木)에 대한 명제입니다. **제도**는 **전략**을 발목잡는다는 명제인데, 우리가 조직에서 심심찮게 경험하는 현상이라 하겠습니다. 여기서 발목잡기의 의미는 논리적 해석과 행태적 해석이 모두 가능합니다. 먼저 **논리적** 관점에서 본다면, 제도는 조직이 생각해 낼 수 있는 전략 대안의 종류와 범위를 선행적으로 제한하는 경우가 많습니다. 현재 조직이 갖춘 제도에 따라서 어떤 전략은 되풀이되어 기획 추진되고 어떤 전략은 아예 발상 자체가 되지 않는, 그래서 가능하고 가능치 않은 전략이 전략 발상과 기획과 추진 이전에 이미 제도에 의해서 근원적으로 결정되어 버린다는 의미지요.[25] 반면 **행태적** 의미에서의 발목잡기는 예를 들어 부서 간 갈등으로 전략 추진에 대한 합의를 득하지 못해서 전략 추진이 어렵다거나, 한 부서가 다른 부서의 전략 실행을 의도적

---

25 이것은 바로 A. Chandler가 제시한 Structure Follows Strategy의 안티-테제, 곧 Strategy Follows Structure 현상을 포착하는 명제라 할 수 있습니다.

으로 방해하는 경우 등이 되겠습니다.

이처럼 제도의 전략 발목잡기는 매우 근원적 제약인데, 그렇다고 이것이 반드시 부정적인 것만은 아닐 수 있습니다. 예를 들어 Ross 등은 제도를 전략의 **실행기반** 관점에서 조명하고, 제도를 최적의 상태로 고정시킬 경우 전략을 가장 효율적으로 추진할 수 있다는 주장을 합니다.[26] 다시 말해서 제도는 비록 전략 선택의 폭은 희생한다고 하더라도 선택된 전략의 실행에 있어서는 최적의 실행기반을 제공하는 수단이 된다는 것이지요.

4) 조직오행 상생·상극 명제 – 종합과 정리

이상으로 조직오행 상생·상극의 명제들을 개략적으로 살펴보았습니다. 이들 명제를 해석하는 데 있어서 관건은 누차 강조했듯이 상생·상극의 **生**과 **克**이 가지는 의미를 적절히 해석하는 것인데, 여기서는 일단 生과 克의 표면적 의미에 기대어 각 명제를 해석해 보았습니다.

이제 이러한 일차적 고찰을 바탕으로 상생·상극이 가지는 의미구조를 보다 심층적으로 고찰해 보겠습니다. 이러한 고찰의 초점은 통합입니다. 상생·상극 명제는 전체가 하나의 통합된

---

26 이것은 어떻게 보면 A. Chandler의 Structure Follows Strategy 명제로의 회귀로 볼 수 있겠습니다만, 어쨌든 Ross 등은 이러한 전략 실행기반이 IT 기반으로 구축됨을 주목하고, 이것을 엔터프라이즈 아키텍처(Enterprise Architecture: EA)라고 부르고 있습니다. (참조: Ross, J., P. Weil, and D. Robertson, *Enterprise Architecture as Strategy*, Harvard Business School Press, 2006)

개념체계로서 어떤 총체적 의미구조를 형성하고 있습니다. 그래서 이들 명제를 개별적으로 다루기보다는 항상 전체적, 통합적으로 다룰 필요가 있습니다.

2. 오행 상생·상극 관계의 의미구조

오행의 요체는 오행이 이루는 상생·상극 관계론입니다. 오행이 가진 존재론, 인식론, 세계관이 모두 이 상생·상극 관계론에 담겨 있고, 그래서 상생·상극의 원리를 이해하면 곧 오행을 이해한다고 할 수 있겠습니다.

이러한 오행 상생·상극 관계는 전체적으로 하나의 완벽하게 아름다운 개념체계를 형성하고 있습니다. 오행 요소가 서로 물고 물리면서 만들어내는 각가지 상생·상극 관계는 형태적으로 단순하면서도 전체적으로 매우 독특한 복합적 중층적 의미구조를 생성해 내고 있는데, 이제 이 상생·상극 의미구조의 모습을 같이 음미해 보도록 하지요.

1) 오행 관계의 포괄성 역동성과 오행에 대한
   통합적·맥락적 고찰

오행의 관-수-모-자 관계는 앞의 〈그림 3〉에서 보았듯이 오행을 구성하는 모든 요소가 나머지 요소들과 서로 빠짐없이 어떤 관계를 맺고 있으며, 어떤 요소도 이 관계의 그물망에서 벗어나 홀로 존재하지 않음을 보여줍니다. 이를 오행 관계의 포괄성(comprehensiveness)이라 부를 수 있을까요.[27]

이러한 오행의 세상은 조화와 균형의 세상입니다. 오행의 다섯 요소가 서로 돕고 다투면서 조화와 균형을 이루고 있습니다. 상생을 통해 순리와 질서를 생성하고, 상극을 통해 대립과 억제를 도모한다는 것이지요. 그래서 오행은 기본적으로 전체 시스템의 평형(equilibrium)을 지향하는 사고라고 할 수 있습니다. 그러나 누차 지적했듯이 이러한 오행의 평형은 머물러 있지 않고 끊임없이 움직이는, 순환과 유행으로 이루어진 **동태적·역동적 평형입니다.**

이러한 오행 관계의 포괄성과 더불어 기억해야 할 것이 있습니다. 그것은 오행은 목-화-토-금-수 다섯 요소가 이루는 관

---

27 이러한 관계의 포괄성이 성립하는 이유는 바로 5라는 숫자 때문입니다. 요소의 수가 5개일 때만이 모든 요소가 오행 상생·상극 관계에 참여하게 되는 것이지요. (참조: 소광섭, 오행의 수리물리적 모형, *과학과 철학 4집*, 통나무, 1993, p.46~56)

계 전체를 하나의 통합적 세트(set)로 다루어야 한다는 사실입니다. 그래야 오행의 정신이 살게 됩니다. 이를 오행의 **통합적** (systemic) 고찰이라고 하겠습니다. 반면 이러한 통합적 관계 세트를 부분적 관계들로 쪼개는 것은 자칫 오행이 극복하고자 하는 환원주의(reductionism)로 회귀할 위험이 있습니다.

앞서 조직오행 상생·상극 명제를 다루는 데 있어서 전반적으로 논의가 다소 단편적 피상적일 수밖에 없었던 이유도 여기에 있습니다. 다시 말해서 조직현상을 온전히 이해하기 위해서는 각 상생·상극 명제에 대한 개별적 이해만으로는 부족하며, 그들을 전체적으로 종합하여 이해하고자 하는 노력이 필요합니다.

오행의 한 요소를 살피는 데 있어서도 마찬가지입니다. 오행 요소는 오행이란 전체 맥락 안에서 다루어져야 합니다. 이것은 앞서 오행 배속 논의에서도 지적한 바 있는 오행 요소의 개념화에서도 그렇고, 뒤에 나오는 오행 진단과 처방에 있어서도 그렇습니다. 예를 들어 木이란 요소를 다루는 데 있어서, 木은 오행의 화-토-금-수 나머지 네 요소와 관-수-모-자의 관계를 맺고 있으며, 그래서 이러한 관-수-모-자 관계의 맥락 안에서 다루어져야 한다는 것이지요. 이를 오행 요소의 **맥락적** (contextual) 고찰이라고 하겠습니다.

맥락적 고찰은 또한 통합적 고찰과 병행하여 이루어져야 합니다. 예를 들어 木의 관점에서 관－수－모－자 관계를 고찰했다면, 그 다음은 이 木의 관점에서 탈피하여 오행 목－화－토－금－수 전체 관계세트를 대상으로 놓고 이를 고찰해야 하겠습니다. 전자는 맥락적 고찰, 후자는 통합적 고찰입니다. 이처럼 맥락적 고찰에서 통합적 고찰로의 전환은 소위 **특정주체** 관점 (a focal organization point of view)에서 **네트워크** 관점(a network point of view)으로의 도약을 내포하게 됩니다.[28]

어쨌든 이러한 **통합적·맥락적** 고찰은 오행에 있어서 가장 중요한 사유의 방식이며, 이것이 없다면 오행이라는 사유체계는 성립되지 않을 것입니다.

2) 상생·상극 관계의 순환성·방향성·본능성

오행 상생·상극 관계는 매우 특이한 의미구조를 가지고 있습니다. 그래서 해석상 주의를 요하는데, 그것은 일차적으로 오행 상생·상극이 가진 의미가 우리가 상식적으로 이해하는 상생·상극 의미와 다르기 때문입니다.

---

28 참조: 전성현, 뉴 비즈니스 모델: 신경제 시대의 가치창출 관계구조, 집문사, 2001

먼저 상생이든 상극이든 오행에서는 이것이 상호적(reciprocal), 쌍무적(bilateral) 관계를 나타내는 것이 아님을 기억해야 합니다. 예컨대 A와 B가 상생한다고 했을 때, A와 B 두 개체가 서로 도와서 서로에게 유익한 호혜적(mutually beneficial) 관계를 형성한다고 생각하기 쉬우나, 오행의 상생은 이런 두 개체 사이의 직접적 호혜관계를 나타내는 것이 아니라는 것이지요. A-B 간 상극도 마찬가지입니다. A와 B가 서로에게 적대적이고 악의적(antagonistic and hostile) 관계를 형성하는 경우라고 생각하기 쉽지만, 이것 역시 그렇지 않습니다.

오행의 상생·상극 관계는 **상호적(reciprocal)**이 아니라 **순환적(cyclic)** 관계를 나타내는 개념입니다. 그리고 **양방향(both-way)**이기보다는 **일방향(one-way)**으로 진행되는 관계입니다. A-B-C-D-E 오행의 다섯 요소가 있을 때, A는 B에 작용하고, B는 C에 작용하고, C는 D에 작용하고, D는 E에 작용하고, E는 A에 작용합니다. 이처럼 오행 관계에 있어서는 주는 상대와 받는 상대가 같지 않으며, 상대에 미치는 작용에 대한 반작용은 상대로부터 직접 오기보다는 오행의 고리를 한 바퀴 돌아서 다른 상대에게서 오게 됩니다.

이러한 오행 관계가 가지는 **일방향성**은 매우 흥미로운 개념입니다. 예컨대 상생의 관계는 방향성의 관점에서 본다면 母生

子, 곧 부모–자식의 관계입니다. 부모는 주고 자식은 받아먹습니다. 자식은 그 자신이 부모가 되어 그 자식에게 주고 그 자식의 자식은 역시 받아먹습니다. 이러한 소위 내리사랑 관계는 대를 이어 내려가는데, 상생은 이처럼 일방향으로 전개되는 관계라는 것입니다.

상극관계 역시 방향성 관점에서 보면 흥미롭습니다. 상생과 마찬가지로 나를 극하는 상대와 내가 극하는 상대가 다르다는 것이지요. 그랬을 때 이 관계는 철저한 제압과 복종의 관계가 됩니다. 자기를 극하는 상대에 대해서는 오직 복종이 있을 뿐이며, 반대로 자기가 극하는 상대에 대해서는 가차없는 압박과 제압이 있을 뿐입니다. 이러한 상극관계에 대한 저항이나 반발, 예를 들어 자기를 극하는 상대에 대항하여 오히려 이기고자 하거나, 혹은 자기가 극하는 상대에 대해 배려와 온정을 베푸는 것은 상극관계의 본질을 벗어난 관계이며 오행적 관계가 아니라는 것이지요.

상생의 내리사랑, 그리고 상극의 철저한 복종과 제압은 모두 오행 관계가 가지는 일종의 **본능성**을 보여줍니다. 상생이든 상극이든 오행 요소간 관계는 각 요소가 가진 氣의 종류와 크기에 따라서 본능적으로 작동되는 관계이고, 그래서 요소의 의지나 선택과 같은 주관적 요인들과 무관하며 이들에 의해 재단되지 않는 관계라는 것입니다. 예를 들어 부모 자식 관계에 있어서 부모는 당연히 주고 자식은 당연하게 받으며, 이것을 부모가 일부러 주지 않는다거나 자식이 부모의 사정을 감안해서 일부러 받지 않는 경우란 없다는 것입니다.[29]

이처럼 오행 상생·상극 관계의 순환성·방향성·본능성은 상호적, 쌍무적 관계라는 상생·상극에 대한 일반적 상식적 이해와는 상당히 거리가 있는 개념입니다. 이런 관점에서 조직오행을 조망한다면 어떻게 될까요? 분명한 것은 매우 흥미로운 해석들이 나온다는 것인데, 특히 주목하게 되는 것은 본능성과 그 배경에 깔린 氣의 개념입니다. 예를 들어 제도(金)가 전략(木)을 극(克)한다고 했을 때, 이것이 실제 눈에 보이는 제도와 전략 사이에 나타나는 계획되고 의도된 극함이 아니라, 추상적 제도의 氣와 전략의 氣가 있어서 그 대소 관계로 인해 발생하는 본능적 힘의 작용 관계, 다시 말해서 조직의 제도가 어떤 총체적 힘으로 총합되어 이 힘이 전략의 힘을 누른다고 보는 것입니다.

이처럼 상생·상극 관계를 전략-열정-문화-제도-정보라는 조직오행의 실제적 내용에서가 아니라 氣의 차원에서 찾는다는

29 박용규, 입체 음양오행, 태웅출판사, 2005

것은 뒤에 조직 진단과 처방에서 나오는 오행 氣의 넘침(태과)과 모자람(불급)이란 개념으로 이어집니다.

3) 상생·상극의 순환성과 방향성에 반하는 관계 – 상모(相侮)와 상모(相母)

오행이 가지는 질서는 앞에서 살펴본 것처럼 오행 상생·상극 관계가 순환성과 방향성을 가지고 유지될 때 가능하다고 하겠습니다. 그러나 실제 현실에 있어서 이러한 질서를 깨트리는 관계가 없을 수 없는데 이를 두 상모, 곧 **상모(相侮)**와 **상모(相母)** 관계라고 합니다.

相侮는 상극의 관계에서 이 관계가 뒤집히는 경우입니다. 예를 들어 水克火의 상극관계에서 水가 火를 극하지 못하고 도리어 火가 水를 이겨 능멸하게 되는 관계를 말합니다(火侮水). 반면에 相母는 상생의 관계에서 母가 子를 生하기보다 子가 스스로 성하기 위하여 母를 착취하는 경우로서, 예를 들어 水生木에 있어서 木이 生하기 위하여 水의 자양분을 빨아먹음으로써 水가 빈약하게 되는 경우를 말합니다(木母水).

이러한 오행 관계의 순환성과 방향성, 또 이에 반하는 상모 (相侮)와 상모(相母) 관계는 오행에 기반한 진단과 처방에 있어서 중요한 의미를 가집니다.[30] 이런 순환성·방향성·본능성을 전제하는 경우와 그렇지 않은 경우 전혀 다른 진단과 처방의 방책이 나온다는 것이지요. 이에 대한 보다 자세한 논의는 다음 장에서 하기로 하겠습니다.

3. 상생·상극 관계의 중첩과 오행 생성 원리

오행에서 상생이나 상극 중 하나의 관계구조만 존재한다면 이것은 단순한 순환 구조에 지나지 않습니다. 그러나 상생과 상극의 두 관계구조가 상호 교차 중첩되면서, 오행의 모든 요소가 서로 물고 물리는 매우 독특한 관계구조가 등장하게 됩니다.

오행에서 이처럼 교차 중첩된 상생·상극 관계구조가 왜 등장하며 어떤 역할을 하는지를 살펴볼 필요가 있습니다. 결론적으로 말하면 상생·상극 관계는 서로 교차 중첩되면서 만물 생성의 원리로 작용하게 되는데, 이를 이해하기 위해 먼저 읽어야 할 저술은 한동석의 저술입니다. 한동석은 그의 저서『우주 변화의 원리』에서 음양오행의 원리에 대한 독특한 해석과 이를

---

30 실제 국내 한의학계 일각에서는 인체의 진단과 처방에 있어서 이러한 오행 방향성은 일방향이 아니라 양방향으로 간주되어야 한다는 주장도 나옵니다. (참조: 주석원, *8체질 의학의 원리*, 통나무, 2007)

기반으로 한 우주론적 사유체계 구축을 시도하고 있습니다.[31]

1) 오행의 생성 원리
- 상생·상극을 통한 神과 形의 생성

한동석은 상생·상극을 만물의 생성 원리로 설명합니다. 생성에 필요한 음양의 二氣가 서로 克하면서 生하는 과정으로 본다는 것이지요. 생성을 위해서는 음양의 二氣, 곧 陽極(神)과 이러한 양극을 보호할 수 있는 陰形(形)이 필요한데, 상생은 바로 이 양극을 생성하는 과정이라 할 수 있고, 상극은 이러한 양극을 보호하는 음형을 생성하는 과정이라 할 수 있다는 것입니다.[32]

그래서 한동석은 오행의 상극을 해석하는 데 있어서 상극은 克으로 해치려는 것이 아니라 오히려 생성을 위해 작용하는 소위 必要克이며, 따라서 갈등과 대립을 위한 모순이 아닌 발전과 통일을 위한 모순이라는 전제에서 출발합니다.

상생·상극이 가진 神과 形의 생성 원리를 木의 경우를 들어서 살펴보면 이렇습니다. 木의 형성은 金의 克을 받아서 形을 만

31 한동석, 우주 변화의 원리, 대원출판, 2003
32 한동석, op.cit.

들고(金克木), 水가 木의 생명(神)을 보급함으로써(水生木), 그 神과 形을 형성하게 됩니다.

이처럼 **神과 形의 생성**으로 엮여 있는 상생·상극 관계를 보면, 이들이 단순한 상관관계가 아니라 묘한 꼬임과 비틀림으로 이루어져 있음을 보게 됩니다. 木의 경우를 놓고 본다면;

첫째, 목의 神은 상생관계(水生木), 목의 形은 상극관계(金克木)에 의해 생성된다.

둘째, 목의 神을 생성하는 데 작용하는 상생관계는 그 자체가 상극관계에 기반을 두어야 가능해진다. 다시 말해서, 水는 木의 神을 생성하는 상생의 요소인데, 이러한 水는 정작 土의 극을 받아서(形을 입어야만) 木의 神을 생성할 수 있다. 마찬가지로 木은 金의 克을 받아 形을 갖춤으로써 火의 神을 만들고, 火가 水의 克을 받아 자기의 形을 만든다.

그래서 이를 다시 정리하면:

오행 요소의 神은 母의 상극관계에 기반을 두고 만들어지고, 요소의 形은 스스로의 상극관계를 통해 만들어진다고 할 수 있겠습니다. 여기서 상극관계에 기반을 둔다는 것은 그 요소가 적절히 통제된다는 의미로 해석됩니다.

다시 말해서 木을 생성하는 水는 土에 의해 통제되어 (적절한 形을 입지 않으면) 결코 木을 生할 수 없다는 것이지요. 아울러 이러한 水를 극하는 요소(土)는 거꾸로 내(木)가 극하는 요소이고, 그래서 나는 내가 극하는 요소(土)와 母(水)의 도움으로 神을 받고 나를 극하는 요소(金)와 내가 生한 요소, 곧 子(火)의 도움으로 形을 받는다고 할 수 있겠습니다. 오행 사이에 존재하는 음미할 만한 묘한 꼬임과 비틀림이라 하겠습니다.

이제 이러한 오행 생성 원리를 조직오행에 적용해 보겠습니다. 앞에서처럼 전략을 놓고 적용해 보면, 전략(木)의 정신과 방향은 정보(水)에 의해서 배태되고 계발되는 반면(水生木), 그 현실적 추진 형태는 현재의 조직구조와 제도(金)의 제약을 받으며 구축된다(金克木)는 해석이 나옵니다. 또한 전략을 생성하는 정보(水) 자체는 현재의 조직 문화(土)의 바탕 위에서 그 형태를 갖추게 된다(土克水)는 해석도 나옵니다.

이러한 해석을 놓고 봤을 때, 한동석이 제시하는 神과 形의 생성 원리가 조직이라는 현상에서 충분히 적용 가능하다는 느낌을 받게 됩니다. 최소한 그 형식논리에 있어서 크게 무리 없는 해석이 나오기 때문입니다.

2) 오행의 생성 원리
– 상생·상극을 통한 본성과 극성의 촉발

오행의 상생·상극 관계를 이처럼 오행 요소의 形과 神의 생성 메커니즘 관점에서 볼 수도 있습니다만, 반면에 오행 요소의 성질이라는 관점에서 상생·상극 작동 원리를 설명하고자 하는 시도도 있는데, 바로 재야 저술가 이경숙의 논리입니다.[33]

이경숙은 오행 요소가 가진 소위 **본성**과 **극성** 개념을 통해 이러한 상생·상극이 작동하는 방식과 이유를 설명할 수 있다고 주장합니다. 그에 따르면 오행의 각 요소는 스스로를 일으키는 **본성**과 스스로를 죽이는 **극성**을 가지고 있으며, 그래서 상생이란 상대의 **본성**을 성하게 하는 관계이고 상극이란 상대의 **극성**을 성하게 하는 관계라는 것입니다.

나무의 예를 들어 보겠습니다.

나무의 본성, 다시 말해서 나무 스스로를 살리는 성질은 **유연성**입니다. 이런 나무의 유연성은 나무를 생하는 물의 본성인 흐름에 의해서 성해집니다. 물이 흐름으로써 나무가 물이 올라 유연해지면서 더욱 뿌리를 내리고 가지를 뻗고 열매를 맺게 된다

33 이경숙, *기의 여행*, 도서출판 구름, 2009

는 것이지요. 이처럼 물(水)의 본성이 나무(木)의 본성을 일으켜 성하게 하는 것이 水生木, 곧 상생의 관계라고 설명합니다.

반면 상극의 관계는 극성을 통해 설명됩니다. 요소에게는 요소를 죽이는 극성과 이 극성의 반대되는 反극성이 있는데, 요소의 반극성이 상대의 극성을 일으켜 **스스로** 쇠하게 하는 것이 상극관계라는 것입니다. 그래서 예컨대 나무의 극성은 **꺾어짐** 인데, 이 꺾어짐은 金克木, 곧 나무를 극하는 쇠의 반극성인 **단단함**으로 유발된다는 것이지요.

다음 〈표 2〉는 이경숙이 제시한 오행 각 요소의 본성과 극성을 정리한 것입니다.[34]

이경숙의 설명에서 일단 주목할 부분은 오행 요소가 성하고 쇠하는 방식입니다. 곧 상생·상극이라고 해서 한 요소가 다른 요소의 성쇠에 직접 작용하는 것이 아니라, 어떤 경우든 궁극적으로 한 요소의 성쇠를 결정하는 것은 그 요소 스스로가 가진 성질, 곧 본성과 극성에 의해서라는 것입니다. 다른 요소는 이런 요소의 성질이 스스로 일어나고 사라지는 데 도움을 줄 뿐이라는 것이지요.

---

34 이경숙, op. cit., p.239–243

	본성	극성	반극성	생기(生起)			극기(克起)		
				상생	상대본성	양(兩)본성	상극	상대반극성	반극성→극성
목	유연성	꺾어짐	탄력성	수생목	흐름(수)	흐름→유연성	금극목	응고단단함	단단함→꺾어짐
화	미침	오름(상승)	내림(하강)	목생화	유연성(목)	유연→미침	수극화	들이참	들이참→오름
토	막음	굳음	짐	화생토	미침(화)	미침→막음	목극토	탄력성	탄력성→굳음
금	울림	녹음	응고단단함	토생금	막음(토)	막음→울림	화극금	내림(하강)	내림→녹음
수	흐름	빠짐	들이참	금생수	울림(금)	울림→흐름	토극수	짐	짐→빠짐

〈표 2〉 오행 각 요소의 본성과 극성

 어쨌든 오행 요소를 하나의 실재로 인정한다면 이처럼 그 성질을 살피고 이를 통해 상생·상극을 설명하고자 하는 노력은 일단 시도해 볼 만하다 하겠습니다. 다만 이러한 논리가 과연 현상의 설명 논리로 성립하는가에 대해서는 문제가 있을 수 있습니다. 현상의 설명 논리가 되려면 소위 오행 요소를 성하고 쇠하게 하는 본성과 극성을 선험적으로 규정할 수 있어야 하는데, 이것이 뒤에서 보겠지만 생각 외로 간단치 않다는 것이지요. 실제 이러한 본성과 극성의 선험적 규정이 가능치 않다면, 그래서 거꾸로 선행적으로 규정된 상생·상극 관계를 성립시키는 요소의 성질을 찾아 사후적으로 대입하는 꼴이 된다면, 이 설명 논리는 자칫 당연하고 견강부회적인 설명 혹은 항진논리

(tautology)에 빠질 위험이 있습니다.

본성과 극성에 기반한 상생·상극 설명이 가지는 보다 더 근원적 문제는 오행 요소가 상생·상극이란 관계에서 생성되는 관계적 속성이 아닌 스스로의 속성, 소위 自性을 가지는가 하는 문제입니다. 이에 대한 보다 자세한 논의는 다음 장에서 하기로 하겠습니다.

이제 오행의 본성과 극성이란 개념을 가지고 조직현상을 보겠습니다. 전략의 경우를 놓고 보면 전략(木)의 본성은 앞에서 본 것처럼 유연함(agility)이고 극성은 꺾어짐, 곧 전략의 단절(disconnect)입니다.

그래서 전략의 본성인 유연성은 정보(水)의 본성인 흐름(flow)에서 촉발되며, 반면에 전략의 단절은 제도(金)의 反극성인 경직성에서 야기된다는 해석이 나옵니다. 또한 전략이 유연성을 유지할 때 그 전략은 성하며, 반면 전략이 조직이나 환경과 단절될 때 그 전략은 쇠한다는 설명도 가능해집니다.

이러한 오행의 본성과 극성에 기반한 조직오행 상생·상극 설명은 앞의 한동석의 설명과 마찬가지로 최소한 그 형식논리에 있어서는 큰 무리가 없는 것으로 보입니다.

물론 한동석과 비교해서 차이는 큽니다. 전혀 다른 출발선에서 출발하여 전혀 다른 설명 논리를 가지고 상생·상극을 설명하고 있습니다. 한동석은 요소의 神과 形을 구별하고, 상생·상극을 이러한 神과 形을 생성하는 작용으로 봅니다. 그래서 상극도 상생과 마찬가지로 우주만물을 生하는 데 필요한 必要克의 과정으로 봅니다. 그 상극을 통해서 만물이 形을 입는다는 것이지요. 반면 이경숙은 요소의 본성과 극성을 상정하고, 상생·상극을 이러한 요소의 본성과 극성을 일으키는 작용으로 봅니다. 여기서 상극은 必要克이 아니라 말 그대로 쇠하고 소멸하는 과정입니다. 내가 가진 극성이란 성질로 인해 나 스스로 쇠하고 소멸해 간다는 것이지요. 물론 이러한 소멸 자체가 전체 오행의 균형과 생존을 위해 필요하다는 후속 설명을 통해 必要克 개념으로 회귀할 수도 있겠습니다만, 어쨌든 두 설명의 논리가 확연히 다른 것만은 사실입니다.

4. 오행 상생·상극 설명논리에 대한 고찰

이러한 오행 생성과 상생·상극 작동 원리에 대한 논증들을 보면서 새삼 깨닫게 되는 것이 있습니다. 그것은 오행 상생·상극이 단순한 관계형식의 문제가 아니라 존재론적 인식론적으로 매우 근원적 문제들을 건드리고 있다는 사실입니다. 이들이 무엇인지 살펴보겠습니다. 먼저 오행의 본질은 무엇인가라는 질문에서부터 시작해 보지요.

1) 오행의 본질 – 질료인가 기운인가

전략을 조직의 생명력이라 했을 때 그 생명력을 성하게 하는 것과 쇠하게 하는 것이 무엇인가를 물어보겠습니다. 이것은 앞서 이경숙이 시도한 것처럼 전략 스스로를 성하고 쇠하게 하는 성질을 각각 본성과 극성으로 놓고 이를 찾는 문제입니다.

그러나 질문의 동기는 이경숙과 다소 다릅니다. 이경숙은 요소의 본성과 극성을 상생·상극 관계를 설명하는 인자로 동원했지만, 여기서는 이러한 상생·상극 설명 이전에 요소가 가진 본성과 극성 개념 자체를 놓고 이 개념이 과연 성립하는가를 살피는 것이 목적입니다.

그랬을 때 일차적으로 부닥치는 문제가 소위 말하는 **질료**로서의 오행과 **기운**으로서의 오행 사이의 혼란입니다. 오행의 성쇠를 설명하기 위해서는 오행 요소의 **본질**을 먼저 정의해야 하는데, 이 요소의 본질이 질료인가 기운인가에 대해서 혼란이 있다는 것이지요. 이러한 혼란은 오행의 본성과 극성을 포착하고 정의하는 데 심각한 장애가 됩니다.

예를 들어 오행의 목(木)으로서 나무를 보겠습니다. 나무는 하나의 유기체로 존재하기 위해서 신진대사를 해야 하며 이를 위한 제반 구조와 기능을 갖추어야 합니다. 그랬을 때 이 나무의 본성과 극성은 무엇인가 묻게 되는데, 그것을 나무가 나무로서 가지는 구조와 기능을 나타내는 것이라고 한다면 이것은 오행의 木을 나무라는 하나의 물리적 실재로 간주하고 그 성질을 찾는 경우입니다. 아니 이러한 질문을 던진다는 것 자체가 바로 **질료**로서의 오행을 전제하고 묻는 것이라 하겠습니다.

반면 오행의 木을 나무란 구체적 질료가 아니라 木氣란 **기운**으로 간주하면 이야기는 달라집니다. 그 성질에 대한 고찰이 질료가 가진 구조나 기능에 대한 것이 아니라 나무의 생명력을 나타내는 성질, 예를 들어 나무만이 뿜어내는 기운, 정신을 맑게 하고 눈을 밝게 하는 성질 등에 대한 것이 되는 것이지요.[35]

이처럼 오행의 본성과 극성을 찾는 데 있어서 오행을 질료로 간주할 것이냐 기운으로 간주할 것이냐에 따라서 전혀 다른 맥락에서 전혀 다른 성격의 성질을 찾지 않을 수 없게 됩니다.

그리고 이처럼 오행의 본성과 극성이 달라진다는 것은 이에 기반하여 요소의 성쇠와 상생·상극을 설명하고자 하는 오행 설명원리 자체를 위협하게 됩니다.

오행의 본성과 극성을 찾는 데 있어서 혼란은 질료냐 기운이냐 뿐 아니라 다른 곳에서도 나타납니다. 예를 들어 오행의 본성과 극성이 요소의 성쇠를 나타내는 개념이라고 한다손치더라도, 이 오행의 성쇠를 원인의 관점에서 볼 것이냐 아니면 **결과**의 관점에서 볼 것이냐 하는 것도 문제입니다. 木의 성하는 성질을 원인의 관점에서 보면 뿌리의 흡수력이고, 결과의 관점에서 보면 열매의 풍성함이 되는 식입니다.

그래서 오행의 본성과 극성을 그 오행을 성하고 쇠하게 하는 성질이라고 간단하게 정의하고 출발할 수 있겠으나, 막상 이러한 성질을 구체적으로 찾는 데 있어서는 이것이 그렇게 간단한

---

35 나무의 뻗어나가는 성질, 나무가 가진 탄력성 등 이경숙이 제시한 나무의 본성은 개념적으로 보자면 둘의 절충이라 할 수 있겠습니다. 다시 말해서 나무란 질료가 보여주는 성질, 그러나 나무의 구조나 기능과는 무관한 성질을 선택적으로 제시하고 있는 경우입니다.

문제가 아님을 알 수 있습니다.

　결론적으로 말하면, 이러한 오행의 성질을 찾는 과정에서 그동안 미루고 덮어두었던 오행 요소의 **본질**이 과연 무엇인가라는 가장 근본적 문제와 다시 마주치지 않을 수 없게 되는 것이며, 오행은 질료도 되고 그 질료가 나타내는 기운도 된다는, 다소 모호한 개념 설정이 다시 도마 위에 오른다는 것이지요.

　이러한 오행 개념의 혼란은 오행이란 것이 과연 하나의 정당한 사유체계로 성립할 수 있겠는가를 묻게 합니다. 물론 오행은 그 발전 과정에 있어서 처음에는 질료의 개념으로 출발해서 점차 기운을 나타내는 개념으로 확대 발전했다는 역사를 가지고 있습니다. 그래서 이러한 오행 개념의 혼란을 단순히 어설픈(sloppy) 개념화의 결과로만 치부하는 것은 동양철학적 사고 기반을 지나치게 폄하하는 우가 될 수도 있음을 기억할 필요도 있겠습니다.

　결국 그 연유야 어찌되었든 현재 오행 개념이 던지는 개념적 혼란을 어떻게 해결할 것인가가 문제입니다. 이러한 문제는 오행의 가장 근본 명제인 상생·상극 관계를 설명하는 데 직접적 영향을 미치는 근본적 질문이 아닐 수 없겠습니다.

2) 직관 – 오행 상생·상극 설명의 또 다른 기제

오행 본질에 대한 혼란을 피하는 한 가지 방법은 요소의 본성과 극성이라는 개념 자체를 포기하는 것입니다. 다시 말해서 오행 상생·상극을 설명하는 데 있어서, 이것을 본성과 극성이라는 요소의 성질 차원으로 내려가서 설명하기를 유보하는 것입니다.

이렇게 요소의 성질에 기초한 설명 논리를 배제할 경우 상생·상극 관계를 설명하는 또 다른 방식은 말 그대로 **직관**에 의존하는 것입니다. 상생과 상극에 있어서 木生火 혹은 水克火는 나무를 태워서 불을 일으킨다, 물은 불을 끈다는 식의 매우 직관적 이해에 기대어 설명이 가능하다는 것이지요. 사실 대부분의 기존 오행 저술은 상생·상극 관계를 설명하는 데 있어서 이러한 직관적 이해 방식으로 충분하다는 입장을 취하고 있습니다.

이처럼 직관에 의존한 오행 상생·상극 설명은 기본적으로 원시적이며 비과학적이라는 비판을 면할 길이 없습니다. 반면에 실제 이러한 직관적 이해에 만족하지 않고 요소의 성질 차원으로 내려가 보다 분석적으로 상생·상극을 설명하고자 하는 시도가 오히려 소위 **게슈탈트**(Gestalt)적 이해라는 동양철학의 고유한 정신에 반한 고지식한(naive) 시도라는 비판도 가능합니다.

이것은 木氣를 그것이 무엇으로 구성되는지 분명히 정의하지 않고 木氣 자체로 내버려두면서도 그 개념에 대한 완전한 이해가 가능한 것인가 하는 문제인데, 우리가 오행과 그 근저에 깔린 동양적 사유 방식에 민감하다면 이에 대한 대답은 '예'일 수 있다는 것입니다. 그리고 이러한 동양적 사유 방식을 어설픈 분석적 사유로 대체하거나 재구성하고자 하는 것이 오히려 무의미하며 스스로의 사유의 한계를 드러내는 것이 될 수도 있겠습니다.

결국 오행 요소의 본질과 상생·상극 관계를 이해하는 데 있어서, 직관을 통한 이해가 되어야 할 것인가 분석을 통한 이해가 되어야 할 것인가를 놓고 겨루는 상황이 되는데, 이를 좀 더 살펴보도록 하지요.

분석철학적 관점에서 본다면 일반적으로 어떤 요소의 상태 변화는 소위 원인-결과 관점에서 설명됩니다. 그 요소에 영향을 미치는 다른 요소, 곧 원인(cause)을 찾고 이 원인과의 관계에 의해 그 요소의 상태 변화가 야기되는 것으로 설명한다는 것이지요.

이것은 한 마디로 현상을 구성하는 요소간 인과관계(cause-effect relations)를 찾는 문제이고, 이러한 현상을 설명하는 요소간 인과관계를 설명의 **메커니즘**이라고 부릅니다.[36] 본성과 극성의 관점에서 오행 상생·상극을 설명하고자 한 시도는 바로 이러한 메커니즘 차원의 설명이라 하겠습니다.

그러나 실제 이처럼 현상을 구성 요소 차원으로 내려가지 않고 현상 그 자체로 설명하고자 하는 시도는 가장 분석적이라고 자부하는 서구의 과학에서도 찾을 수 있는데, 대표적으로 들 수 있는 것이 바로 **場(Field)이론**입니다. 현대물리학에서 이야기하는 중력장 전자기장 등이 그 대표적 예가 되겠지요.

場이론은 요소의 상태 변화의 원인을 요소간 인과관계 관점이 아닌 그 요소가 위치한 場 자체에서 찾습니다. 어떤 행동은 다른 요소에 의해 야기되는 것이 아니라 요소가 위치한 場에 의해 촉발되며, 행동을 설명하는 동인 또한 과거의 어떤 원인이 되는 행동이 아니라 전체로서의 場이라는 것입니다. 그래서 場이론에서는 요소간 인과관계를 찾는 것이 문제가 아니라 場 자체가 가진 특질을 밝히는 것이 문제입니다.[37]

이러한 **場이론**은 실제 場의 관점에서 오행 상생·상극 관계

36 "...By mechanism, sociologists generally mean to refer to some readily understandable causal sequence that explains some theoretically accounted-for patterns..." (Lundberg, George A., *Foundations of Sociology*, New York: Macmillan, 1939, p.375)

를 설명할 수 있는가라는 질문을 던지게 합니다. 오행을 하나의 場으로 놓고, 그 場의 맥락 안에서 상생·상극이란 관계를 설명하는 것이지요. 이것은 오행의 본성과 극성에 기반한 분석적 설명과는 전혀 다른 관점의 설명이며, 그동안 오행이 취해온 직관적 게슈탈트적 설명이 분석적 메커니즘적 설명 못지않게 정당한 설명의 형식으로 성립할 수 있음을 시사한다는 점에서 충분히 시도해 볼 만한 설명 논리로 보입니다. 향후 오행 연구에서 진행시켜야 할 숙제 중의 하나라 하겠습니다.

3) 오행 요소가 가진 관계적 성질

앞에서 살펴본 몇 가지 위험에도 불구하고 요소의 성질 관점에서 상생·상극을 설명하고자 하는 시도는 상당한 의미가 있을 수 있다는 생각을 하게 됩니다. 무엇보다 오행 요소의 성질을 새로운 시각에서 바라보게 하기 때문입니다.

오행 요소 성질에 대한 새로운 시각이란 무슨 뜻인가요?
그것은 다름 아닌 상생·상극 관점에서 다루게 되는 요소의 성질은 **실체적 속성**이기보다는 **관계적 성질**일 수 있다는 것입니다. 우리는 오행의 성질을 그것이 본성이든 극성이든 그 요소

---

37 이러한 場이론은 일반적으로 *메커니즘*에 의한 설명이 충분치 않을 때 사용되며, 향후 설명의 메커니즘이 등장하면 場이론은 이로 대체됩니다.

가 가진 고유한 속성으로 이해하고, 이러한 고유한 성질이 다른 요소의 고유한 성질을 촉발하여 상생·상극의 관계가 발생한다고 이해해 왔습니다. 일견 매우 당연하고 자연스러운 이해입니다.

그러나 이러한 이해야말로 다름 아닌 **실체론**적 이해임을 주목할 필요가 있습니다. 앞에서 우리는 실체의 존재를 선험적으로 상정하고 이 실체가 어떤 속성을 가진다고 보는 서구 존재론을 부정하고 출발했습니다. 그런데 이제 와서 오히려 이러한 실체론적 본성과 극성 개념을 가지고 오행 상생·상극을 설명하고자 하는 것이 과연 오행의 기본 전제와 정신에 합당한 시도인가라는 것이지요.

따라서 오행 요소의 본성과 극성은 요소에 고유한 실체론적 속성보다는 **관계론**적 속성이라는 관점에서 접근할 수 있겠습니다. 그렇다면 이것은 오행 사상의 가장 기본 전제가 될 수 있겠는데, 곧 오행 요소의 속성은 요소에 고유한 속성이 아니라 관계에 의해 촉발되는, 그래서 오직 관계 안에서 모습을 드러내는 속성이라는 것입니다. 木의 성질은 木 자체로서의 성질이라기보다는 水와 火와의 관계, 金과 土와의 관계 안에서 찾아야 한다는 것이지요.

다소 피상적 예가 될 수도 있겠지만, 예컨대 사람의 경우 그 사람이 원래 천성이 착한가 악한가 여부를 떠나서 이 사람이 부모와 자식, 남편과 아내, 동료와 상사 등의 관계에서 어떤 성향을 보이는가를 따지는 것과 같다고 하겠습니다. 실제 본성이 착한 사람이라 하더라도 어떤 관계에서는 매우 잔인할 수 있으며, 거꾸로 천하의 악인도 어떤 관계에서는 더 이상 부드러울 수 없으니까요.

어쨌든 오행 요소의 성질을 이처럼 실체가 아닌 관계에 깃든 속성으로 본다면, 예컨대 **전략**의 본성과 극성이 무엇인가라는 질문의 의미 또한 달라집니다.

전략은 **정보**를 母로 **열정**을 子로 한 상생의 관계, 그리고 **제도**를 관(官)으로 **문화**를 수(讐)로 한 상극의 관계를 형성하고 있습니다. 이러한 관계에서 나타나는 관계론적 속성을 생각해 본다면 전략이 정보와 만날 때, 혹은 전략이 제도와 부딪힐 때 어떤 성질을 나타내느냐라는 질문으로 바뀐다는 것이지요. 실체론적 속성에 대한 질문이 관계론적 속성에 대한 질문으로 바뀌는 것입니다.

정보와 **전략**의 관계를 보겠습니다. 정보는 인지적입니다. 현상에 대해, 사물에 대해 몰랐던 것을 알게 합니다. 이러한 정보는 전략이 가진 생명과 만나면서 이 생명에 원기를 주고 방향을 줍니다. 구체적 형태를 갖추게 합니다. 정보를 만나기 전의 전략은 그냥 하겠다는 의지에 불과한데, 이 의지가 정보를 만나면서 무엇을 왜 어떻게 하는가라는 구체적 모습으로 태어난다는 것입니다.

정보가 풍부하면 할수록 전략은 보다 구체적이고 다양해집니다. 가끔은 지나친 정보로 인해 전략이 오히려 마비되는 경우도 있지만, 어쨌든 정보가 일깨우는 전략의 본성은 '생명' 그 자체입니다. 조직으로 하여금 생각과 행동의 가지를 뻗어나가게 합니다.

전략의 본성이 생명이라면 전략의 극성은 스스로를 죽이는 성질, 예컨대 전략의 경직성(rigidity)이라고 할 수 있겠습니다. 전략은 상황에 대한 적응력과 대응력을 상실할 때 전략으로서의 생명을 상실합니다. 다시 말해 경직된 전략은 곧 죽은 전략이라는 것이지요.

이러한 전략의 극성은 상극의 관계에서 촉발되는 성질입니다. 金克木, 곧 조직오행의 金에 해당하는 제도와의 관계에서 비롯합니다. 그래서 제도는 전략과 만나면서 전략의 경직성을 생성 강화시킵니다. 제도가 강할수록 전략이 가진 조직의 생명력과 의지는 위축되는 것이지요. 실제 이것은 제도와 전략의 관계에서 이러한 조직의 생명력과 의지가 상당 부분 제도에 흡수되고 녹아들기 때문으로 볼 수 있습니다. 제도에 내재화 고착화된다는 것이지요. 그래서 제도에 의해 움직이는 조직은 대체적으로 전략이 약한 경향을 보일 것으로 예상해 볼 수 있겠습니다.

4) 오행의 존재론과 인식론

우리는 오행 상생·상극 관계를 보다 상세히 살피고자 이 장을 시작했습니다. 오행 상생·상극 관계를 어떻게 읽을 것이며 그 관계가 가진 총체적 의미가 무엇인지를 살펴보았고, 오행 상생·상극이 오행 생성 원리로 작동하는 방식을 살펴보았습니다.

이 과정에서 우리가 부닥친 문제는 두 가지였습니다. 하나는 **존재론**적으로 상생·상극 관계를 맺는 오행 요소의 본질이 과연 무엇인가 하는 문제였고, 다른 하나는 **인식론**적으로 상생·상극 관계 설명의 기제를 어디서 찾을 것인가 하는 문제였습니다.[38]

먼저 **존재론**적으로 우리는 요소의 **관계적** 성질이란 개념을 찾

---

38 상생·상극 관계의 설명을 *인식론*적 문제로 간주하는 이유는 인식론이 현상에 대한 설명의 문제, 특히 현상을 구성하는 존재들이 맺는 관계에 대한 이론과 검증의 문제라고 보기 때문입니다.

아서 이를 통해 오행 요소의 본질에 대한 질문을 답할 수 있지 않을까 생각했습니다. 아니 답하기보다는 피해 간다는 표현이 보다 정확할 수도 있겠습니다만, 어쨌든 오행 요소의 본질을 건드리지 않으면서도 그 성질을 논할 수 있는, 어떻게 보면 유일한 방편이 바로 이 관계적 성질 개념이라고 생각했습니다.

인식론적으로는 상생·상극 관계를 오행 요소의 성질 차원으로 내려가서 설명하는 것이 그렇게 간단치 않은 문제임을 살피고, 실제 대부분의 기존 오행 저술이 그래왔듯이 이를 직관적 이해란 이름으로 비껴갈 수 있을지를 짚어보았습니다. 또한 비록 깊이 있게 다루지는 못했지만 **場이론** 관점에서 오행 상생·상극 설명의 가능성을 하나의 숙제로 던져두었습니다.

이러한 오행의 존재론적 인식론적 질문에 대한 대답들은 사실 사유의 깊이나 너비에 있어서 제대로 된 대답이라 하기에는 너무 어설픈 구석이 많다고 하겠습니다. 그렇지만 이 과정에서 소득이 전혀 없지는 않다는 생각을 하게 되는데, 그 소득이 무엇인지 짚어보겠습니다.

돌이켜보면 우리가 오행에 대한 논의를 시작하게 된 가장 직접적 동기는 오행의 상생·상극 관계형식이었습니다. 이 관계형식이야말로 서구 조직이론에서 시도되지 않은 관계이자 오행이 가진 가장 큰 매력이며 우리가 오행을 보는 이유라고 강조했고, 아울러 이 관계형식을 통해서 우리는 서구 경영학이 이루지 못하고 있는 지식의 통합을 이루어낼 수 있지 않을까라는 기대를 가지고 시작했습니다.

그런데 이 관계형식을 보는 과정에서 이것이 단순한 관계형식의 문제가 아님을 깨닫게 되었다는 것입니다. 곧 한 마디로 그 관계를 이루는 요소 자체, 다시 말해 조직오행 존재론 자체가 흔들리기 시작했다는 것인데, 처음에는 단순히 오행 요소에 해당하는 조직현상의 요소를 찾아 대입하는 것으로 조직오행의 존재론이 완성된다고 생각했습니다. 그리고 그 다음은 오직 그러한 조직오행이 이루는 관계형식의 흥미로움을 음미하고 향유하고 착취하는 즐거움만이 남아 있을 따름이라고 생각했는데 그게 아니었다는 것이지요.

대신 기본적으로 전혀 예기치 않았던 문제의 비틀림이 일어났습니다. 그것은 한 마디로 **'관계의 형식'**이란 문제에서 **'존재의 본질'**이란 문제로 우리가 다루는 문제의 본질이 완전히 바뀌게 되었다는 것입니다. 이건 마치 우리가 큰소리치며 시작했던 동양적 觀으로의 전환이 그렇게 간단하고 만만할 줄 알았는가, 곧 우리 사유의 경박함에 대해 호되게 야단맞는 듯한 기분이 들게 하는 상황입니다.

존재론의 흔들림은 구체적으로 이런 것입니다. 곧 오행 요소가 나타내는 것은 실체론적 존재가 아니고, 그래서 우리가 설정하는 조직오행 개념도 결코 실체론적 개념이 되어서는 안 된다는 것입니다.

이것은 단순히 오행 요소가 질료냐 기운이냐라는 차원이 아니라 보다 근본적 차원의 문제입니다. 질료야 당연히 실체론적이지만 기운조차도 실체론적 개념일 수 있으니까요. 다시 정리하자면, 오행의 존재론은 이런 실체로서의 오행 개념을 부정하고 그 자리에 어떻게 보면 매우 생경하다 할 수 있는, 어떤 새로운 존재의 개념을 놓기를 주문하고 있는 것입니다.

그 존재의 개념은 어떤 **사건**이나 **과정**이란 말로 표현할 수 있겠습니다. 오행의 요소 자체가 **생성적·과정적 현상이다**라는 것입니다. 이 현상은 어떤 방향성 혹은 내적 일관성을 가지고 전개되는 것이며, 그래서 예를 들어 조직의 木氣로서 어떤 방향성과 일관성을 가지고 전개되는 생성적·과정적 현상이 **전략**이라는 것, 혹은 전략이라 부르는 어떤 것이 된다는 것입니다.

이것은 사실 우리가 앞에서 이미 선언한 내용이라 할 수 있습니다. 이 책을 시작하면서 우리는 동양적 존재론은 실체론이 아님을 주장하면서, 그래서 우리 존재론의 중심에 실체가 아닌 **변화**를 두겠다고 선언한 바 있으니까요. 그런데 왜 새삼스럽게 이런 존재론의 흔들림이 문제가 될까요? 그건 아마도 우리가 실체가 아닌 **변화**를 강조하면서도 정작 그것이 무엇을 의미하는지를 분명히 이해하고 포착하지 못했던 때문이 아닌가 싶습니다.

곧 변화는 실체를 인정하면서도 강조할 수 있기 때문에 그렇습니다. 그리고 **관계론**이 바로 그렇습니다. 실체보다 실체들이 이루는 관계를 강조하면서 그 관계를 존재의 중심에 둘 때 그 존재론은 관계의 존재론이 될 수 있지만, 존재론 자체는 여전히 실체론적 존재론입니다. 다만 그 존재론이 강조하는 것이 역동적 관계이기에 실체는 존재론의 변방으로 밀려날 뿐이지요. 그러나 그렇다고 해서 그 존재론이 비실체적 존재론이 되는 것은 아니라는 것입니다.

그래서 동양의 존재론은 변화의 존재론이라는 선언이 단순히 이런 소위 **관계론적** 관점에서의 선언인지 아니면 실체의 전면적 부정이라는, 보다 근원적 차원에서의 비실체론적 선언인지를 분명히 할 필요가 있습니다.

이 시점에서 매우 도움이 되는 읽기가 앞서도 언급한 바 있는 들뢰즈와 가타리의 생성철학적 사유입니다.[39] 그들의 생성철학은 「~되기」로 표현됩니다. 예를 들어 사권(蛇拳)이라는 무술을 연마하는 사람이 있다면 그 사람은 소위 인간의 「뱀-되기」를 시도하는 경우로서, 여기서 「뱀-되기」는 단순히 뱀의 모양이나 행동을 흉내내는 문제가 아니라 인간이 뱀으로서의 신체적 감응을 만들어내고, 그것을 통해 자신의 신체와 감각을 변용시키는 것입니다.[40]

따라서 이러한 「되기」는 상태를 나타내는 개념이 아니라 사건과 과정을 나타내는 개념입니다. 인간과 뱀, 두 상태 어디에도 속하지 않지만 인간과 뱀 - 그 중간 어디쯤에서 둘이 만나면서 이루어지는 사건이고 과정이라는 것이지요. 이러한 「되기」 혹은 만남은 자신이 내포하고 있는 것과는 다른 무엇이 되는 것이며, 그래서 원래의 출발점인 인간과 뱀 - 각각으로부터의 소위 **탈영토화**를 초래합니다. 蛇拳을 수련하는 사람은 이미 인간이 아니며 그 蛇拳으로 실현되는 뱀 역시 원래 뱀이 아니라는 것입니다.

39 참조: 이진경, *노마디즘: 천의 고원을 넘나드는 유쾌한 철학적 유목*, 휴머니스트, 2002
40 이진경, op. cit., p.76

오행의 존재론으로 돌아가서, 그렇다면 오행의 존재론은 바로 이런 「되기」로 채워져야 하는 것 아닌가 하는 생각을 해 봅니다. 오행의 요소 자체가 만약 이런 「되기」라면, 木氣는 '나무-되기'이고 火氣는 '불-되기'이며 土氣는 '흙-되기'이고 金氣는 '쇠-되기'이며 水氣는 '물-되기'입니다. 그리고 상생·상극은 이런 「되기」의 '사건'들이 부딪히면서 이루어내는 또 다른 「되기」로 보입니다. 적절한 비유가 될지 모르겠습니다만 이건 **입자**로만 보아왔던 오행 요소가 **파동**으로 모습을 바꾸는 것과 같습니다. 상생·상극 관계도 두 **입자**의 충돌이 아니라 두 **파동**의 교섭 혹은 섭동(perturbation)이 되는 것이고요.[41]

이러한 생성론적, 과정론적, 해체론적 관점에서의 오행 존재론 구축은 앞으로의 숙제입니다. 그리고 뒤에 나오겠습니다만 조직 체질이란 전혀 뜻밖의 영역에서 이러한 생성론적 존재론의 문제를 다시 맞닥뜨리게 됩니다. 어쨌든 이러한 숙제, 곧 보다 근본적 차원에서의 오행 존재론 구축이 필요하고 가능하다는 깨우침 자체가 지금껏 조직오행이란 사유를 전개시켜온 결과로 얻은 중요한 소득이라 하겠습니다.

木 火 土 金 水

41 바슐라르의 질료적 상상력도 이 시점에서 생각나는 존재론적 상상력입니다. 이지훈의 유려한 설명을 빌리자면, 바슐라르는 물, 불, 공기, 흙이란 네 원소의 본질을 어떤 소재나 재료가 아니라 운동성으로 포착합니다. 이 원소들은 자기 운동의 능동적 주체로서 끝없는 자기 변성을 통해 자기 내부의 어떤 잠재적인 것을 해방시키는, 그래서 스스로 자기 형상을 만들어 내는 질료들이라는 것이지요. (참조: 이지훈, *예술과 연금술*, 창비, 2004)

이어지는 또 하나의 소득을 들자면 오행이라는 사유를 전개하는 방식에 대한 가르침입니다. 오행을 앞에서 논의한 것처럼 「되기」로 이루어진 생성철학적 사유로 본다면, 이런 오행적 사유는 들뢰즈와 가타리가 이야기하는 '유목과학'이 되어야 합니다.

그들이 말하는 유목과학은 소위 '국가과학'과 대비되는 개념인데, 현상의 탐구에 있어서 어떤 독특한 사유의 형식과 기저를 주문합니다. 여기서 그 내용을 상세히 다룰 수는 없지만, 대체적으로 이런 유목과학은 **유체와 흐름의 이론**을 다루어야 하며, **생성과 이질성의 모델, 소용돌이형 모델** 구축을 추구해야 하고, **문제설정적**으로 촉발되고 전개되어야 한다고 합니다.[42]

조금 덧붙이자면 유체와 흐름의 이론이란 입자나 점이 아니라 **흐름**이란 것을 실재 그 자체로 놓는다는 뜻입니다. 또한 생성과 이질성의 모델이란 안정적이고 영원한 것, 동일하고 불변적인 것을 추구하는 국가과학과 대비시켜 하는 말인데, 곧 현상의 본질은 고정적 동질적이 아니라 생성적 이질적이라는 것, 그래서 현상의 본질에 대한 우리의 가정이나 전제 자체를 바꾸어야 한다는 말입니다.

소용돌이형 모델이란 이 흐름이 모든 방향으로 흐르며 주어

42 이진경, op. cit., p.340~352

진 사유 공간 전체를 점유하게 **허용**하는 것을 뜻하고, 문제설정적이란 과학이 다루는 문제가 일반화된 이론에 대한 반론으로 마치 질병처럼 치유하고 해결해야 하는 무엇이 아니라 새로운 창안을 위해 반드시 제기되어야 하는 질문으로 촉발되고 전개되어야 한다는 뜻입니다.

이러한 유목과학의 특징은 우리가 오행이란 사유체계를 전개하는 데 있어서 시사하는 바가 실로 크다고 하지 않을 수 없겠습니다. 우리의 사유가 어떤 전제에서 출발해야 하며 어떤 사유의 형식과 방향성을 지향해야 하는가를 돌아보게 한다는 것이지요. 아울러 만약 우리가 여태껏 오행을 다루는 데 있어서 알게 모르게 이런 유목과학적 사유가 아니라 하나의 일관된 설명틀로 귀착되는 소위 국가과학적 사유를 지향했다고 한다면, 이에 대한 근본적 반성과 재고를 요구한다고도 하겠습니다.

5) 우리 사유의 가벼움 혹은 무거움 ─「~되기」 사유의 무게

이제 이 장의 논의를 마치면서 어떤 우려가 생깁니다. 우리 사유의 **가벼움** 내지 무거움 문제입니다.

우리는 여태껏 조직오행이라는 사유체계를 전개해 오면서 우리 논의의 범위와 깊이를 적절히 유지하는 데 많은 신경을 써왔습니다. 오행을 다루는 데 있어서나 조직현상을 다루는 데 있어서 항상 필요한 만큼의 범위와 깊이까지만 다루면서 두 개념체계의 경계에서 어떤 사유의 **가벼움**을 유지하고자 노력해 왔다는 것이지요.

이것은 우리로 하여금 한편으로는 그것이 오행이 되었든 아니면 조직이론이 되었든 어느 한 개념체계의 복잡성에 함몰되어 그 무게에 압사당하지 않게 스스로를 보호하면서, 다른 한편으로는 원래 목적한 바, 두 개념체계의 상호 유관성과 상동성을 확인하는 데 초점을 맞추었기 때문입니다. 이건 마치 두 거대한 절벽 사이에 걸린 밧줄을 장대를 들고 외줄타기로 건너는 듯한 아슬아슬함이 느껴지는 작업이지요. 좌우 어느 쪽이든 한 발짝만 헛디디면 엄청난 낭떠러지, 그 개념체계의 심연이 입을 벌리고 있으니까요.

그런데 이 장을 마치면서 우리 사유의 가벼움이 갑자기 너무 무거워지지 않았나 걱정이 생깁니다. 너무 무거워지면 이 외줄을 무사히 건너지 못할 수도 있으니까요. 그런데 이상하지요. 이 무거움이 어디서 왔나를 따져보면, 이 무거움은 오행에서 온 것도 조직에서 온 것도 아님을 알게 됩니다. 대신 이 무거움은 오행과 조직 가운데, 그 두 개념체계가 만나는 중간 어디쯤에서 갑자기 느끼게 되는 무거움입니다.

이 무거움을 느끼면서 문득 깨닫는 것이 있습니다. 아하, 이것이 소위 「～되기」가 가진 무게이구나라는 깨달음입니다.

따지고 보면 우리 사유는 오행에 대한 것도 아니고 조직에 대한 것도 아닌, 바로 오행의 「조직-되기」, 조직의 「오행-되기」에 대한 사유임을 알게 됩니다. 우리는 우리 사유의 대상, 곧 조직오행이 이렇게 「～되기」의 존재론이 되어야 한다고 주장했지만, 이러한 우리의 사유 자체가 벌써 「～되기」를 실천하는 과정이며 결과구나, 깨닫게 된다는 것이지요.

그래서 우리 사유는 조직과 오행에 대해서는 가볍되, 「조직의 오행-되기」, 「오행의 조직-되기」에 대해서는 무거운 사유가 될 것 같습니다. 들뢰즈와 가타리의 표현에 따르자면, 전자는 사유의 원래 영토이고 후자는 그 영토를 탈출하여 이루는 탈영토의 지대입니다.

다음 장은 조직오행 상생·상극의 원리를 적용하는 문제인데, 이런 사유의 가벼움 혹은 무거움을 가지고 출발해 보겠습니다.

조직오행 상생·상극 원리의 적용

5

1. 진단과 처방 틀로서의 **오행** – 한의학적 사례

2. 조직오행 진단의 원리

3. 조직오행 처방의 원리

4. 조직현상에서의 상생·상극 보사법칙 적용
   – 전략의 경우

오행 상생·상극 원리에 대한 고찰이 일단락되면 다음은 이 원리를 조직현상 설명에 실제로 적용해 보는 것이 필요합니다. 이러한 적용을 통해서 우리는 오행이 과연 조직현상의 설명 틀로 타당한지, 그리고 이를 토대로 한 동양적 경영학 정립이 가능한지 여부를 모색할 수 있을 것입니다.

오행이 조직현상과 관련하여 가장 유용한 경우는 진단과 처방에 있어서입니다. 곧 조직의 병리를 진단하고 이에 대한 적절한 처방을 내리는 데 오행의 원리를 적용하는 것인데, 이러한 진단과 처방 틀로서 오행이 어떻게 성립될 수 있는지를 '漢의학'의 경우에 기대어 살펴보겠습니다.

1. 진단과 처방 틀로서의 오행 — 한의학적 사례

현재 진단과 처방 틀로서의 오행이 가장 체계화되어 있는 분야는 '漢의학'입니다.[43] 한의학은 인체를 음양오행이란 우주론적 틀 안에서 파악하고 그 틀에 입각해서 병을 진단하고 치료합니다.

---

43 여기서 漢의학은 중국의 中의학과 한국의 韓의학을 함께 가리킵니다. 나중에 한국의 韓의학을 따로 지칭할 경우가 생기는데 이것은 韓의학으로 표기하겠습니다.

한의학에서 오행은 우선 신체의 5장 6부를 오행의 목-화-토-금-수에 배속시키는 데서 출발합니다. 한의학자에 따라 배속을 달리하는 경우도 있습니다만, 전통적 배속은 간(肝)-심(心)-비(脾)-폐(肺)-신(腎)의 순서로 오행의 목-화-토-금-수에 대응시킵니다. 그런 다음 오행 상생·상극의 원리에 입각하여 이들 5장 6부의 관계를 진단하고 처방합니다.

진단과 처방의 주된 관점은 氣의 태과(太過)와 불급(不及)입니다. 곧 간(肝)-심(心)-비(脾)-폐(肺)-신(腎) 각각이 가진 氣가 서로 질서와 조화를 이룰 때 건강하다고 보며, 반면 이들 氣의 질서와 조화가 깨질 때, 즉 기가 지나치거나(太過) 모자랄(不及) 때 병이 생긴다고 봅니다. 그래서 한의학의 처방은 대부분 이들 氣의 질서와 평형을 회복하기 위한 조치들입니다.

이처럼 인체를 氣와 오행 상생·상극 관점에서 바라볼 경우 이것은 병리의 진단과 처방에 있어서 새로운 방식을 제시합니다. 서양 의학과는 사뭇 다른 방식입니다. 예를 들어 비위가 약해 어지럼증과 구토가 일어난다고 한다면, 이 경우 가장 먼저 생각할 수 있는 처방은 당연히 그 증상의 직접적 발원지인 비위를 강화하는 것이고, 아마도 이것이 서양의학이 제시하는 처방일 것입니다. 그러나 한의학은 다릅니다.

비(脾)는 오행의 토(土)에 해당합니다. 그래서 비의 기능을 강화하는 것이 일차적 처방이지만, 상극론의 관점에서 보면 다른 두 가지 처방이 가능합니다. 하나는 '목극토'로서 흙이 무너지면 나무로 방책을 세워서 지탱하는데, 나무에 해당하는 간 기능이 너무 약해서 흙의 기운을 조절하지 못한 것이라고 보고 나무에 해당하는 간 기능을 보강하는 것입니다.

다른 하나는 '토극수', 즉 토가 이기는 것은 수인데, 수의 기능이 너무 강해서 토가 제 기능을 못 하게 된 것이라고 보고 수에 해당하는 신(腎) 기능을 약화시켜서 비와 신의 균형을 맞추는 길입니다. 물난리가 났을 때 흙으로 막는데 물의 위세가 너무 강해서 흙이 제 역할을 못 하게 된 형국이라 할 수 있겠지요.[44]

상생론 관점에서도 처방이 나옵니다. 예를 들어 '화생토', 즉 불이 타고 나면 그 재가 흙으로 돌아가는 것인데 불이 약해서 흙을 제대로 만들어 내지 못한 것이 병의 원인이라고 보고 불에 해당하는 심(心)을 강화시키는 것입니다. 이렇게 오행의 관점에서 신체를 보면서 비(脾)가 상했을 때 비만을 치료하는 것이 아니라 간-심-비-폐-신 서로의 관계를 고려해서 종합적 진단과 처방을 내리는 것이 한의학입니다.[45]

---

44 이 경우는 엄밀히 말하면 앞서 제시한 관수, 모자의 정상적 관계를 역행하는 처방이라고 할 수 있겠지만, 실제 한방에서 이러한 처방이 내려지는 경우도 적지 않다고 합니다.
45 물론 이러한 오행적 진단과 처방은 분명한 원칙과 기준이 없다면 어떤 장기를 다스려도 된다는 일종의 순환논법에 빠질 위험도 없지는 않습니다.

2. 조직오행 진단의 원리

한의학의 오행적 진단과 처방은 조직현상을 다루는 데 있어서 시사하는 바가 많습니다. 우선 조직 이상현상 내지 조직병리를 보는 시각의 문제가 대두됩니다. 현재 우리가 가지고 있는 조직 이상현상의 개념이 전혀 새롭게 바뀔 수 있다는 것인데, 이 문제부터 살펴보겠습니다.

1) 조직 진단의 관점 - 성과인가 균형인가

한의학에서는 병의 원인을 氣의 태과(太過)와 불급(不及)으로 봅니다. 그렇다면 조직에서의 병리현상 역시 氣의 太過와 不及 관점에서 볼 수 있는가라는 것이 질문입니다.

전통적으로 조직병리는 주로 **기능**이나 **성과** 관점에서 논의되어 왔습니다. 공장의 생산라인이 멈추고 근로자가 파업에 들어간다, 고객 불만이 폭주하고 시장 점유율이 떨어진다 등, 조직이 기능적으로 작동하는 데 문제가 있거나 원하는 성과를 내지 못할 때 조직에 이상이 있다고 생각하는 것이지요.

　그런데 이러한 조직 병리현상을 조직오행은 氣의 태과와 불급 관점에서 이해하고 해석하기를 주문합니다. 이것은 사실 기능과 성과의 문제로만 조직병리를 이해해온 우리로서는 매우 생소한 관점이라 하지 않을 수 없습니다.

　조직 이상현상을 氣의 태과와 불급 관점에서 본다는 것은 바꾸어 말하면 조직오행 요소간 氣의 **균형**이 깨어지는 것을 이상현상으로 본다는 것입니다. 조직이 정상적으로 작동하기 위해서 오행은 어느 한 요소가 지나치게 성하거나 쇠하지 않고 전체적으로 균형을 이루고 있어야 하는데, 이런 균형이 깨지는 것이 바로 이상현상이라는 것입니다.

　그래서 어느 한 요소가 기능이나 성과 면에서 아무런 차질 없이 잘 돌아간다 하더라도, 이것이 다른 요소와 비교해 지나치게 승하거나 쇠하면 오행적으로는 문제가 됩니다. 또한 거꾸로 기능이나 성과 면에서 어떤 기준에 못 미친다고 하더라도 다른 요소와 균형을 이루고 있으면 그 조직은 의외로 건강할 수 있습니다.

　물론 이러한 균형 관점은 그 균형이 깨어질 경우 이것이 예외

없이 기능이나 성과에서의 실패로 드러나기 때문에 결국 기능이나 성과 관점과 같은 의미가 될 수도 있겠으나, 어쨌든 이러한 관점의 차이가 실제 조직 이상현상을 식별하고 진단하는 데 있어서 상당한 차이를 불러오는 것이 사실입니다.

2) 오행의 균형과 氣의 본질

그렇다면 오행이 말하는 균형이 어떤 균형인가를 묻지 않을 수 없습니다. 이것이 단순히 요소들 간의 기능적 연계나 통합을 의미하는 것이라면 기존 조직 이론이나 시스템 이론과 크게 다를 바가 없겠습니다.

그런데 오행에서 의미하는 균형은 氣의 균형입니다. 우리는 앞에서 조직의 氣를 '조직이 살아 움직이게 하는 무엇'이라고 간략히 정의하고 바로 오행의 독특한 관계형식으로 넘어갔습니다만, 사실 이 氣의 개념은 여전히 숙제로 남아 있습니다.

물론 氣 개념에 대한 우리의 이해가 전혀 진전이 없는 것은 아닙니다. 우리는 앞에서 논의한 대로 이 氣가 취하는 모습에 대한 어느 정도의 추측, 소위 「되기」로 상징되는 생성적 과정적 사건으로서의 氣의 모습을 상상할 수 있습니다. 아울러 이러한

氣 개념에 대한, 혹은 오행 존재의 본질에 대한 유보적 입장 자체가 오행적 사유를 전개시키기 위한 일종의 탈영토적, 「되기」적 사유일 수 있음도 기억합니다.

3) 氣의 상태 – 평기, 태과, 불급

이제 이처럼 조직 이상현상을 오행 氣의 태과(太過)와 불급(不及)이라고 했을 때 어떤 현상이 나타나는가를 살펴보겠습니다.

한동석은 목-화-토-금-수 오행의 각 기가 가지는 상태를 세 가지로 구분하였습니다. 기가 넘치지도 모자라지도 않은 상태를 평기(平氣)라 부르고, 기가 모자라는 상태를 불급(不及), 기가 넘치는 상태를 태과(太過)라고 불렀습니다. 그래서 오행의 5요소가 가진 도합 15가지 氣의 상태를 정리하여 〈표 3〉과 같이 보여주고 있습니다.[46]

오행	불급지기	평기	태과지기
木	위화(委和)	부화(敷和)	발생(發生)
	和氣의 위굴로 인해 위축되고 생할 수 없는 상태로서 土氣의 和化 작용 불급에서 비롯함	질서정연하게 조화를 이루며 전개되는 상태	生이 지나쳐 폭발해 버리는 상태로서 水氣의 조화력 부족에서 비롯함
火	복명(伏明)	승명(升明)	혁희(赫曦)
	이양이 불급 잠복되어 명을 상승시키지 못하는 상태	음이 분열하여 양을 보존하며 음양의 합으로서의 明이 상승하는 상태	陽으로서의 열정과 행동이 작열하여 흩어지는 상태
土	비감(卑監)	비화(備化)	돈부(敦阜)
	음양 승부 조절에 실패하고 양기 발동에 실패하며 팽창해야 할 것이 위축하여 實을 잃고 虛만 남은 상태	음양의 괴리를 조절하고 사물을 순화 중화시키는 중화지기의 상태	지나치게 번식하여 비후해지는 횡산의 상태
金	종혁(從革)	심평(審平)	견성(堅成)
	火氣가 지나쳐 金의 수렴작용에 차질이 있으며 土가 조화력을 잃는 데서 비롯함	生長에서 收藏으로 전환 시키는 최초의 기운이며 자체의 사나운 기운을 다스리고 공정성을 가지고 살피면서 목–화의 때에 생성한 양을 包하는 상태로서 平定의 상태이며 火와 대립하기 때문에 土의 중재를 기다려 수행함	포위하는 금의 표면이 지나치게 굳어 있는 상태
水	학류	정순(靜順)	유연(流衍)
	물의 유동할 수 있는 근원이 일시적으로 폐색당해서 흐르지 못하는 상태	응고성, 자율성, 조화성을 가지는데 응고성은 精과 核을 歸藏 하고, 자율성은 정과 핵 속의 陽을 동하게 하여서 변화시키며, 조화성은 동함에 있어서 일어날 모순을 조절하는 상태	동할 수 있는 요인은 갖추고 있으나 외적 상태의 불응으로 동하지 못하고 상자 속에 밀폐되어 있는 상이며 土의 불급에서 비롯함

〈표 3〉 오행의 15가지 氣의 상태

〈표 3〉에서 보는 것처럼 氣의 상태는 각기 고유한 이름을 가지고 있습니다. 한동석은 이러한 이름이 가진 상형적 표의적 의미를 동원해서 각 상태를 설명하고 있는데, 우리 입장에서는 향후 이를 보다 현대적 용어로 바꾸어 조직오행에 적용할 필요가 있겠습니다.

오행 氣의 상태를 木의 경우를 들어 살펴보겠습니다. 木에 있어서 그 氣가 모자라면 이를 위화(委和)라고 하고, 넘치면 발생(發生)이라고 하며, 넘치지도 모자라지도 않으면 부화(敷和)라고 합니다. 위화(委和)는 土가 가진 和化작용이 모자라서 木이 위축되고 生할 수 없는 木의 불급 상태입니다. 발생(發生)은 水의 조화력 부족으로 木의 生이 지나쳐 폭발해 버리는 木의 태과 상태를 말합니다. 부화(敷和)는 이런 氣의 넘침이나 모자람 없이 질서정연하게 조화를 이루며 木의 生이 전개되는 평기 상태를 말합니다.

이처럼 조직 이상현상을 기의 넘침과 모자람 관점에서 본다면 전략-열정-문화-제도-정보의 각 조직오행이 어떤 기의 평기-태과-불급의 상태를 보이는지, 그 일반적 속성과 성향을 포착하고 정리해 두는 것이 앞으로 해야 할 과제가 되겠습니다.

예를 들어 전략(木)을 놓고 본다면 일반적으로 전략이 지나치면 조직이 감당할 수 없을 만큼 사업을 벌이게 되고, 전략이 모자라면 조직이 활기가 없고 굼뜨게 되는데, 이처럼 전략의 태과와 불급이 조직 안에서 어떤 양상으로 나타나는가를 미리 파악해 둔다는 것이지요.

조직 이상현상을 氣의 태과와 불급으로 보는 데 있어서 한 번 더 짚고 넘어갈 것이 있습니다. 그것은 氣의 태과와 불급이 오행 요소 자체에서 비롯된 본원적 속성이라기보다 다른 요소와의 관계에서 비롯된 **관계적** 속성이라는 것입니다. 이 문제는 앞에서도 논의한 적이 있습니다.

한동석 또한 이 점을 지적하고 있습니다. 그에 따르면 氣의 불급(不及)은 부족(不足)과는 다릅니다. 부족(不足)은 본원적으로 힘이 충족되어 있지 못한 상태를 말하는 반면에 불급(不及)은 힘은 있다 하더라도 아직 그 시기가 일러서 혹은 어떠한 외적인 장애 때문에 이 힘을 발휘할 수 없는 상태를 나타냅니다. 다름 아닌 **관계**에서 비롯되는 기의 모자란 상태입니다. 태과도 마찬가집니다. 오행의 氣가 본원적으로 강해서라기보다 이러한 氣가 다른 요소에 의해서 적절히 조절 통제되지 못하는 데서 비롯되는 기의 넘치는 상태가 태과입니다.

이처럼 조직 이상현상을 오행 관계에서 비롯되는 관계적 속성으로서의 기의 태과와 불급으로 보기 때문에 이에 대한 처방 역시 소위 오행 상생·상극 원리에 기반한 관계적 처방이 가능하게 되는 것이라 하겠습니다.

3. 조직오행 처방의 원리

조직 진단과 처방에 있어서 핵심은 앞에서 살펴본 대로 氣의 태과와 불급을 다스리는 것인데, 오행이 실제 이러한 氣의 태과와 불급을 어떻게 다스리는지 그 방법을 알아보겠습니다. 여러 방법이 있겠으나 그 중 가장 중요하고 기본적인 방법은 상생·상극의 보사(補瀉)법칙입니다.

1) 오행 상생·상극과 氣의 보사법칙

먼저 오행에 입각한 진단과 처방이 가지는 의미를 짚고 시작하겠습니다. 오행은 현상을 구성하는 다섯 요소가 서로 불가분의 관계를 형성하고 있다는 전제에서 출발합니다. 그래서 오행적 진단과 처방에서 기본적으로 한 요소를 다스린다는 것은 그 요소뿐 아니라 그 요소와 관계를 맺고 있는 나머지 네 요소를 함께 다스려야 한다는 것을 의미합니다.

이를 보다 적극적으로 표현하자면, 한 요소에 대한 조절과 통제를 오행의 다섯 요소 전체에 대한 조절과 통제를 통해서 달성한다는 것입니다. 그런데 오행이 조절하고 통제하는 것은 다름 아닌 氣의 태과와 불급입니다. 오행 각 요소가 가진 氣의 태과와 불급을 따져서 이를 평형 상태로 돌려놓음으로써 오행이 전체적으로 氣의 조화와 질서를 이루게 하는 것입니다.

이러한 오행 氣의 진단과 처방을 나타내는 법칙으로 가장 중요한 것이 상생·상극의 보사(補瀉)법칙입니다.[47] 보사법칙은 오행의 한 요소를 강하게 보(補)하고자 하는 경우와 약하게 사(瀉)하고자 하는 경우 어떤 조치가 필요한지를 처방하는 것으로서, 이러한 보사(補瀉) 처방은 상생관계에 따른 처방과 상극관계에 따른 처방으로 이루어집니다. 물론 여기서 요소를 보하는 이유는 요소의 氣가 모자라기(불급) 때문이고, 요소를 사하는 이유는 요소의 氣가 넘치기(태과) 때문입니다.

47 오행 보사법칙에 대한 설명은 전반적으로 박용규 참조 (*입체 음양오행*, 태웅출판사, 2005)

보사(補瀉)법칙을 우선 상생의 관계에 입각해서 보면, 상생은 앞에서 본 것처럼 모생자(母生子)의 관계입니다.

이러한 관계에서는 한 요소를 보하려면 그 어미(母)를 보해야 하고, 그 요소를 사하려면 그 자식(子)을 사해야 합니다. 어미가 젖이 풍부하면 요소는 그 어미의 젖으로 살찌게 되며, 반대로 그 요소의 자식을 굶겨서 허하게 만들면 끊임없이 어미의 젖을 요구하게 되어 그 요소는 허하게 되는 이치입니다. 그래서 상생의 보사는 한 요소를 놓고 그 요소의 어미를 보하든가 아니면 그 요소의 자식을 사하여 그 요소의 보사(補瀉)를 다루는 방법입니다.

보사(補瀉) 원리는 상극관계에서도 도출됩니다. 상극 관점에서 보면, 한 요소를 극하는 요소 관(官)과 그 요소가 극하는 요소 수(讐)가 있습니다. 그랬을 때, 요소를 보하려면 그 관을 약하게 하여야 하며, 반대로 그 요소를 사하려면 그 관을 강하게 만들어야 하는 것이 상극의 보사법칙입니다.

상생과 상극의 보사(補瀉)법칙 중 일반적으로 상생보다는 상극의 보사법칙이 보다 직접적 효과를 가지는 것으로 알려져 있습니다.

이상 상생과 상극 관계에 입각한 보사(補瀉)법칙을 정리하면 다음과 같습니다.

> 첫째, 한 요소를 보하려면 그 관을 사하고 모를 보해야 한다.
> 둘째, 한 요소를 사하려면 그 관을 보하고 자를 사해야 한다.
> "보(補)는 사관보모(瀉官補母)하고,
> 사(瀉)는 보관사자(補官瀉子)하라."

이처럼 기의 태과와 불급을 다스리는 상생·상극의 보사(補瀉)법칙은 조직오행 진단과 처방에 있어서 하나의 출발점을 제공해 주고 있습니다. 그러나 이를 실제 적용하는 데 있어서는 풀어야 할 문제가 적지 않습니다. 예컨대 조직오행 기의 태과와 불급이 어떤 상태이며, 무엇이 이런 태과와 불급 상태를 야기하게 되는지에 대한 이해가 있어야 하겠습니다. 또한 앞서 논의한 바 있는 상생·상극 관계의 **방향성**이 보사(補瀉) 처방에 어떤 영향을 미치는지에 대한 이해도 있어야 하겠습니다. 특히 오행 방향성 문제는 논란이 있는 문제로서 좀 더 살펴볼 필요가 있겠습니다.

2) 오행 보사법칙과 오행의 방향성

오행 진단 처방에 있어서 반드시 짚고 넘어가야 할 문제는 오행의 **방향성** 문제입니다. 그 방향성에 따라서 진단과 처방의 내용이 크게 달라질 수 있기 때문입니다.

예를 들어서 한 요소를 보하는 데 있어서 관을 사하고 모를 보하라(瀉官補母)고 했는데 대신에 관을 사하고 자를 보하거나 수를 사하고 모를 보할 수 있는가, 또 거꾸로 한 요소를 사하는 데 있어서 관을 보하고 자를 사하는(補官瀉子) 대신에 관을 보하고 모를 사하거나 수를 보하고 자를 사할 수 있는가 묻는 것입니다.[48]

이것은 바꾸어 말하면 상생의 보사에 있어서 모(母)와 자(子), 상극의 보사에 있어서 관(官)과 수(讐)를 치환해서 처방을 내릴 수 있는가라는 질문이 되겠습니다.

이에 대한 대답은 엇갈립니다. 일반 한의학적 진단과 처방은 기본적으로 오행의 일방향성을 전제로 이루어집니다. 앞에서 나온 한의학적 유비도 모두 이러한 일방향성을 전제한 진단과 처방입니다. 그러나 현재 한국 한의학의 흐름을 이루고 있는 체질 이론에서는 이러한 일방향성이 아닌 양방향성을 주장하는 목소리도 작지 않습니다.[49]

---

48 오행 방향성에 대한 논의는 탁용규 참조 (입체 음양오행, 태웅출판사, 2005)
49 참조: 주석원, 8체질 의학의 원리, 통나무, 2007

방향성에 있어서 상극의 경우에는 특히 요소가 극하는 상대인 수(讎)를 다스리는 문제가 어렵습니다. 일견 대칭적 관점에서 어떤 요소의 수를 약하게 하면 그 요소가 강해지고, 반대로 수를 강하게 하면 그 요소가 약해질 것이란 진단을 내리기 쉬우나, 상극관계는 이러한 처방을 배제하고 있습니다. 수란 어떤 요소가 이기는 것이되, 이러한 이기고 지는 관계는 일방향이라서 그 요소가 강하면 수를 쉽게 제압하되, 수가 강해진다고 해서 이것이 요소를 직접적으로 약하게 만들거나 거꾸로 요소를 제압하지 않는다는 것이지요.

물론 수(讎)가 강할 경우 이것이 그 요소가 작용하는 데 영향이 없지는 않겠습니다만, 이 영향은 오행 상극의 고리를 한 바퀴 돌아서 간접적 우회적으로 옵니다. 그래서 수는 요소를 다스리는 데 있어서는 대부분 이차적 수단에 그친다고 합니다.

상생에 있어서 母와 子의 관계도 마찬가지입니다. 소위 서로 치환될 수 있는 관계가 아닌데, 예를 들어 한 요소를 보하기 위해서는 그 母를 보하고 그 요소를 사하기 위해서는 그 子를 사합니다. 그런데 그렇다고 해서 거꾸로 그 요소의 子를 보하는 것이 그 요소를 보하는 조치가 된다거나, 그 요소의 母를 사하는 것이 그 요소를 사하는 조치가 되는 것은 아니라는 것입니다. 오행의 각 요소는 오직 힘의 크기에 의해서 본능적으로 움직이는 존재일 뿐, 어떤 지각을 가지고 상대에 대한 배려나 온정을 베푸는 존재가 아니기 때문입니다.[50]

이러한 오행 방향성 문제는 상생·상극 원리에 기반한 진단과 처방을 내리는 데 있어서 전제와 출발점이 되는 문제로서 앞으로 많은 연구가 필요합니다. 또한 뒤에서도 지적하겠습니다만, 오행경영론이 하나의 임상과학으로서 임상의 경험을 축적하면서 지속적으로 검토해야 할 문제로 보입니다.

4. 조직현상에서의 상생·상극 보사법칙 적용 – 전략의 경우

이제 조직 진단과 처방에 있어서 이러한 보사(補瀉)법칙이 어떻게 적용되는지를 '전략'을 예로 들어서 살펴보겠습니다.

전략은 조직오행의 木에 해당하는 것으로서 조직이 가진 비전과 목표, 이를 향한 조직의 결단과 의지를 나타냅니다. 이러한 전략은 조직에 따라서 지나치게 강할 수도 약할 수도 있습니다. 전략이 지나치게 강하다는 것은 조직이 비즈니스를 추진하는 데 있어서 감당할 수 없을 만큼 지나친 욕심이나 고집을 부리는 경우입니다. 반대로 조직의 비전과 목표가 없고 의욕과 아이디어가 고갈된 조직은 전략이 지나치게 약한 경우입니다. 오행 용어를 쓰자면, 전자는 전략의 氣가 태과(太過)인 경우이고 후자는 전략의 氣가 불급(不及)인 경우가 되겠습니다.[51]

어쨌든 이처럼 전략이 지나치게 강하거나 약한 경우에 이것이 조직오행의 균형을 깨뜨리게 됩니다. 그래서 지나치게 강한 전략은 약하게, 혹은 지나치게 약한 전략은 강하게 만들 필요가 생기게 됩니다. 오행 보사법칙은 바로 이처럼 상생·상극 원리에 기반하여 오행 요소의 氣를 보하고 사하는 처방을 내려 오행 요소의 균형을 되돌리는 진단과 처방의 원칙이라고 하겠습니다.

전략은 조직오행의 木에 해당합니다. 그래서 水에 해당하는 정보를 母로 火에 해당하는 열정을 子로 가집니다. 또한 제도를 관(官)으로, 문화를 수(讐)로 가집니다. 그랬을 때, 상생·상극의 보사법칙에 따르면 2개의 처방이 나옵니다.

---

51 뒤에 조직체질을 논하면서 전략과 제도를 대비시켜 전략이 강하고 제도가 약한 조직을 태음, 전략이 약하고 제도가 강한 조직을 태양 조직이라고 부르는데, 이 경우 전략이 강하고 약하다는 것은 전혀 다른 각도에서 해석됩니다.

조직의 전략을 강화하는 처방은 사관보모(瀉官補母)의 처방입니다. 곧 전략을 극하는 제도(官)를 약화시키고(瀉官), 전략을 생하는 정보를 강화시키라는(補母) 처방입니다.

먼저 사관(瀉官), 곧 전략을 극하는 제도(官)를 약화시키는 처방을 보겠습니다.

이것은 전략이 진취적이고 창의적이지 못한 이유가 바로 현재 제도가 가진 구조와 절차의 틀에 갇혀 있기 때문으로 본다는 것입니다. 그래서 현재의 제도를 살펴서 이처럼 전략을 발목잡는 구조나 절차를 도려내고, 전략을 이들의 제약으로부터 해방시키는 조치가 바로 사관(瀉官) 조치가 되겠습니다.

반면 보모(補母)는 전략을 生하는 정보(母)를 강화시키는 조치로서, 이것은 정보가 조직의 전략적 발상과 의도를 생성하고 촉진하는 동인이 된다고 보기 때문이라 하겠습니다.

전략이 지나치게 승한 조직은 소위 보관사자(補官瀉子)의 처방을 통해 그 넘치는 기를 다스리게 됩니다. 보관(補官)은 위의 경우와는 반대로 제도를 강화시키는 처방입니다. 전략 기획과 승인, 자원배분과 성과평가 등 조직의 제도와 절차를 엄격히 해서 무절제하고 무리한 전략 추진을 제도적으로 조절 통제하는 조치가 되겠습니다.

반면 사자(瀉子)는 전략의 子가 되는 **열정**을 다스리는 조치입니다. 원래 보사법칙에서 瀉子의 의미는 요소의 子를 허기지게 해서 어미의 젖을 모두 빨게 하여 그 어미를 약하게 만드는 것입니다. 그러나 이처럼 조직의 열정을 사한다는 것은 곧 그 조직을 죽인다는 말과 다르지 않기 때문에, 여기서 열정을 瀉한다는 말은 보다 긍정적 능동적으로 해석할 필요가 있겠습니다. 그것이 바로 앞에서 지적한 바 있는 열정의 **집중**(focus)입니다.

조직이 지나치게 의욕적으로 벌여놓은 전략적 과제들로 문제가 될 때, 조직의 열정을 한군데로 집중시켜 이러한 전략적 지나침을 다스리는 것입니다. 실제로 이처럼 집중된 열정은 조직의 **역량**(capability) 개발로 이어지는 경우가 많습니다.

이처럼 조직의 전략을 놓고 오행 상생·상극의 보사법칙을 적용해 봤을 때 얻는 몇 가지 시사점들이 있습니다.

무엇보다도 조직현상을 진단하고 처방하는 영역(domain)의 확대 교차 중첩입니다. 그리고 이것이 주는 사유의 해방과 자유입니다.

전략의 문제는 전략이란 현상영역에서 전략의 문제로 다스리는 것이 보통이고, 아마도 그것이 기존 경영이론이 취해온 방식일 것입니다. 그런데 오행은 전략을 전략의 문제로만 다루지 않습니다. 그 원인과 처방의 영역을 제도와 정보와 열정이란 영역으로 확대 교차 중첩시킵니다.

그래서 이러한 오행적 사유는 서구 경영이론의 한계 중 하나로 지적되는 소위 **국지성**(localness) 문제, 곧 경영현상의 문제를 국지적 관점에서만 바라보고, 문제의 주변에서 국지적 해결책만 찾는다는 비판에서 근본적으로 벗어나 있습니다.

결국 조직현상을 다루는 데 있어서 이처럼 하나의 현상영역에 스스로를 가두지 않고 모든 현상영역을 자유롭게 넘나드는 사유의 해방과 자유를 얻고 누린다는 것이 조직오행 진단과 처방에서 얻는 가장 큰 소득이 되겠습니다.

물론 이러한 자유와 해방은 무원칙의 자유와 해방이 아니라 오행 상생·상극이라는 일관된 논리적 토대 위에서 누리게 되는 절제된 자유이고 해방입니다.

오행과 조직체질

6

1. 체질의 개념

2. 사상체질과 동무의 오행 배속이 가진 존재론적 인식론적 함의 – 생성적 과정의 사유

3. 조직체질 개념의 해석과 이해

4. 조직 사상체질의 진단과 처방

우리는 지금 조직 진단과 처방에 있어서 한의학적 유비를 전개시키고 있습니다만, 이러한 한의학적 유비에서 결코 **빼** 놓을 수 없는 논제가 소위 **체질**이라는 논제입니다.

한의학, 특히 한국의 韓의학은 체질의학입니다. 사람들은 각자 고유한 체질을 타고나며, 이 체질에 따라서 사람의 신체적 특징과 병리의 양태가 달라진다는 것이지요. 그래서 사람의 체질을 어떻게 파악하고 이를 어떻게 진단과 처방에 적용할 것인가를 논증하는 것이 한의학에 있어서 매우 중요한 화두가 됩니다.

이 체질 문제를 좀 더 깊이 있게 파고들어가 보는 것이 이 장의 목적입니다. 한의학에 있어서 이처럼 체질의 개념이 중요할진대, 이 개념이 과연 조직에도 적용될 수 있는가라는 문제입니다.

이를 위해서 먼저 한의학에서 말하는 체질의 개념을 동무 이제마의 사상체질 이론을 중심으로 살펴보겠습니다. 다음으로 체질 이론이 가진 존재론적 인식론적 함의를 살펴보겠습니다. 마지막으로 체질 개념을 조직에 적용하여 나오는 조직체질의 모습을 태음-소음-태양-소양의 네 유형으로 나누어 살펴보겠습니다.

1. 체질의 개념

한의학에서 체질은 사람이 가진 음양의 모습과 오행 균형의
상태를 몇 개의 범주로 나눈 것입니다. 먼저 사상(四象) 개념부
터 보겠습니다. 사상(四象)은 태극이라 부르는 一氣가 음과 양
으로 나누어지고, 이렇게 나누어진 음과 양이 각각 다시 음과
양의 모습으로 나누어져 나오는 네 개의 상(象)을 가리킵니다.
다시 말해서 음과 양을 놓고 본다면 음 중에도 보다 음적인 것
과 보다 양적인 것이 있고, 양 중에도 보다 양적인 것과 보다
음적인 것이 있는데, 이렇게 나온 음양의 네 가지 모습, 곧 음
중의 양(少陰), 음 중의 음(太陰), 양 중의 음(少陽), 양 중의 양
(太陽)을 일컬어 음양의 사상(四象)이라고 합니다.[52]

이러한 음양의 사상(四象)을 사람이 가진 음양의 모습에 중첩
(overlay)시킨 것이 체질 이론입니다. 사상체질은 사람의 음양
의 모습을 따져서 크게 네 범주로 나눕니다. 우선 음이 양보다
많은 사람을 음인(陰人), 양이 음보다 많은 사람을 양인(陽人)

---

[52] 이러한 사상(四象)은 주역의 양(一), 음(- -)을 겹쳐서 표현할 수 있으며, 四象에 음과
양의 획을 하나 더 첨가하면 소위 주역 8괘의 象이 나오게 됩니다. 물론 사상과 주역
8괘 사이에 개념적 연속성이 있는가는 또 다른 문제입니다.

으로 나눕니다. 그리고 음인 중에도 음이 점점 많아지는 경향을 보이는 사람을 **태음인**, 음이 아주 많아졌다가 적어지기 시작하는 사람을 **소음인**, 양이 점점 많아지는 경향을 보이는 사람을 **태양인**, 양이 아주 많아졌다가 적어지기 시작하는 사람을 **소양인**으로 나눕니다.

이러한 사람의 음양의 편차를 결정하는 것은 사람의 장부간 대소 관계입니다. 체질 이론에 따르면 사람의 장부는 양의 기운을 띤 장부와 음의 기운을 띤 장부로 나눕니다. 그리고 사람은 이러한 장부에 있어서 어떤 선천적 불균형(congenital unbalance)을 가지고 태어난다고 합니다. 예를 들어 간은 양의 기운을 가진 장기이고 폐는 음의 기운을 가진 장기인데, 어떤 사람은 선천적으로 간이 크고 폐가 작게 태어나고 어떤 사람은 거꾸로 간이 작고 폐가 크게 태어난다는 것이지요.

이처럼 사람의 장부간 선천적 불균형(congenital unbalance) 상태를 상정하고, 그것이 그 사람이 가진 음양의 편차, 곧 체질을 결정한다고 보는 것이 체질 이론입니다.

이러한 체질 개념이 중요한 이유는 이것이 진단과 처방의 기초가 되기 때문입니다. 예컨대 각 체질이 가진 선천적 불균형은 그 자체가 균형의 상태입니다. 그것이 몸의 초기 조건이고 가장 건강한 상태이며, 이러한 선천적 불균형의 균형이 깨어질 때 몸의 이상이 발생한다는 것이지요. 그래서 한의학은 각 체질별로 오행 균형의 모습을 설정하고, 이런 균형이 깨어질 때 어떤 이상현상이 나타나며, 이를 원래의 균형으로 되돌려놓기 위해 어떤 조치가 필요한지를 고민합니다.[53]

이러한 고민은 조직오행에 대한 한의학적 유비를 전개하는 우리 입장에서도 마찬가지 고민입니다. 체질 이론에 따르면 '전략-열정-문화-제도-정보'가 이루는 균형 상태가 모든 조직에 동일한 모습으로 나타나지 않습니다. 매우 성공적인 두 조직이 전략과 제도, 열정과 정보, 문화에 있어서 전혀 다를 수 있다는 것이지요.[54·55]

그래서 이처럼 조직에 나타나는 조직오행 균형의 모습을 조직체질이라고 부를 수 있는 몇 개의 범주로 나눌 수 있는가, 그리고 이 범주에 따른 조직 진단과 처방의 방법을 강구할 수 있는가를 모색하는 것이 지금 우리가 하고자 하는 작업입니다.

---

1) 사상체질 이론

체질 개념을 좀 더 자세히 살피는 데서 출발하겠습니다. 체질 개념의 핵심은 동무 이제마의 사상체질 이론입니다. 동무는 중국 고대 의서인 黃帝內徑에서부터 내려오는 전통적 한의학 이론을 뒤집는 매우 독창적 체질이론을 제시하고 있습니다. 한국 한의학의 체질의학적 전통 자체가 이러한 동무의 체질이론을 기반으로 출발했다고 해도 과언이 아닐 것입니다.[56] 그래서 앞으로 우리의 조직체질 논의도 당연히 동무의 이론을 중심으로 전개될 예정입니다. 다음 쪽의 〈표 4〉는 황제내경의 전통적 체질이론과 동무의 체질이론을 같이 보여주고 있습니다.

표에서 볼 수 있듯이, 체질이론은 사람의 상(象)을 나누는 데서 출발합니다. 태음-태양-소음-소양의 사상(四象)이 그것이지요. 이러한 상을 나누는 기준은 앞에서 서술한 대로 사람이 타고난 오장육부 장기의 상대적 大小구조, 그 선천적 불균형(congenital unbalance) 양상입니다.[57]

---

56 물론 이러한 체질의학, 보다 근본적으로 체질 개념 자체에 대한 비판도 적지 않은데, 예를 들어 김동영은 中의학적 관점에서 韓의학이 가진 사상체질 이론을 신랄히 비판하고 있습니다. (참조: 김동영, *이 땅에 韓醫學은 없다*, 산해, 2006)

57 사실 체질을 구분하는 데 있어서 가장 일차적으로 보는 것은 신체적 象입니다. 곧 머리가 크면 태양인이고 배와 허리가 발달해 있으면 태음인이다. 가슴과 어깨가 크면 소양인이고 골반과 엉덩이가 크면 소음인이다는 식으로 신체적 특징을 가지고 먼저 체질을 구분하게 됩니다.

이를 보다 구체적으로 보자면, 사상체질은 태음과 태양, 소음과 소양을 놓고, 간(肝)과 폐(肺), 비(脾)와 신(腎)의 대소 관계를 가지고 각각을 구분합니다. 그래서 태음과 태양을 대비시켜 태음인은 간이 크고 폐가 작은 체질(간大폐小), 태양인은 거꾸로 간이 작고 폐가 큰 체질(폐大간小)로 봅니다. 그리고 소음인과 소양인을 대비시켜 소음인은 신이 크고 비가 작은 체질(신大비小), 소양인은 비가 크고 신이 작은 체질(비大신小)로 봅니다.[58]

	內徑 (본질적인 면)					사상의학 (양적인 면)				
오장	간(肝)	심(心)	비(脾)	폐(肺)	신(腎)	간(肝)	심(心)	비(脾)	폐(肺)	신(腎)
오행	목(木)	화(火)	토(土)	금(金)	수(水)	금(金)	토(土)	화(火)	목(木)	수(水)
사상	태음인	태양인		소음인	소양인	태음인	태양인		소음인	소양인
사상 형태	간大폐小 목大금小	폐大간小 금大목小	신大비小 수大토小	비大신小 토大수小		간大폐小 금大목小	폐大간小 목大금小	신大비小 수大화小	비大신小 화大수小	

자료: 한동석, 우주 변화의 원리, p.100

〈표 4〉 내경과 동무 사상의학의 배속

물론 이러한 체질 논의의 출발은 장기의 오행 배속입니다. 사람의 간-심-비-폐-신 오장을 목-화-토-금-수 오행에 배속시켜 사람의 장기가 가진 음과 양의 기운을 설정하는 작업이지요. 이러한 작업을 통해서 오행의 균형을 四象이 가진 음양의

---

58 여기서 크고 작다는 의미의 해석은 주의를 요합니다. 자세한 논의는 뒤에 나오는 음양체용 관계에서 다루도록 하겠습니다.

모습과 중첩(overlay)시키게 됩니다.[59]

동무의 사상체질 이론이 황제내경의 전통적 이론과 갈라지는 것도 바로 이 오행 배속에서입니다. 동무의 오행 배속은 단순한 사상의 구분을 떠나서 심각한 존재론적 인식론적 함의를 가지는데, 이에 대한 논의는 잠시 뒤로 미루고, 먼저 조직체질 개념부터 잠깐 살펴보겠습니다.

2) 조직체질 개념

조직체질에 대한 본격적 논의는 뒤에 나옵니다. 여기서는 체질 개념을 조직에 적용할 경우 그것이 어떤 모습으로 나타나는지, 그 개략적 형태와 구조를 미리 살펴보는 것이 목적입니다.

다음 쪽의 〈표 5〉가 이를 보여주고 있습니다. 이 표는 〈표 4〉의 사상체질 이론을 조직에 적용해서 나타나는 조직 사상(四象)의 모습입니다.

표에서 보듯이, 조직은 앞의 사상체질에서와 마찬가지로 태음-태양-소음-소양의 사상을 가집니다. 그리고 각 상은 전략-열정-문화-제도-정보의 조직오행 사이에 독특한 大小구

---

59 사상의학은 장기 배속에 있어서 인체 5장 6부를 모두 다루고 있습니다만, 여기서는 논의의 편의상 간-심-비-폐-신의 5장만을 다루도록 하겠습니다.

조를 가집니다.

태음과 태양, 소음과 소양은 서로 대비됩니다. 그 대비의 기준은 각각 전략과 제도, 열정과 문화(정보)의 조직오행 大小구조입니다. 예컨대 태음 조직은 전략이 크고 제도가 작은 조직(전략大제도小), 태양 조직은 거꾸로 제도가 크고 전략이 작은 조직(제도大전략小)입니다.

만약 이처럼 체질 이론을 적용하여 조직을 **범주화**할 수 있다면, 이것은 조직이론에 있어서 상당한 소득입니다. 각 체질별로 조직오행 균형의 모습을 선험적으로 상정할 수 있고, 이러한 균형을 벗어나는 조직 이상현상에 대한 오행적 진단과 처방을 내릴 수 있다는 것을 의미하니까요. 이것은 어떻게 보면 조직현상에 대한 한의학적 유비의 백미이자, 오행적 사유가 도달하는 마지막 종착역이라 할 수도 있겠습니다.

그런데 이처럼 조직체질 개념을 정립하는 데 있어서 한 가지 해결해야 할 문제가 있습니다. 오행 배속의 문제입니다. 앞에서도 지적했듯이 동무는 전통 한의학의 오행 배속과는 다른 오행 배속을 주장하고 있는데, 이 주장을 살피는 과정에서 예상하지 못했던 존재론적 인식론적 함의와 만나게 됩니다. 이 함의를 살피는 것이 다음 작업입니다.

사람의 체질										
	內徑 (본질적인 면) – 장기 오행 배속					사상의학 (양적인 면) – 장기 오행 배속				
오장	간(肝)	심(心)	비(脾)	폐(肺)	신(腎)	간(肝)	심(心)	비(脾)	폐(肺)	신(腎)
오행	목(木)	화(火)	토(土)	금(金)	수(水)	금(金)	토(土)	화(火)	목(木)	수(水)
사상	태음인	태양인		소음인	소양인	태음인	태양인		소음인	소양인
사상 형태	간大폐小 목大금小	폐大간小 금大목小		신大비小 수大토小	비大신小 토大수小	간大폐小 금大목小	폐大간小 목大금小		신大비小 수大화小	비大신小 화大수小

조직체질										
	內徑 (본질적인 면) – 장기 오행 배속					사상의학 (양적인 면) – 장기 오행 배속				
조직	전략	열정	문화	제도	정보	전략	열정 (문화)	문화 (열정)	제도	정보
오행	목(木)	화(火)	토(土)	금(金)	수(水)	금(金)	토(土)	화(火)	목(木)	수(水)
조직 사상	태음 조직	태양 조직		소음 조직	소양 조직	태음 조직	태양 조직		소음 조직	소양 조직
조직 사상 형태	목大금小 전략大 제도小	금大목小 제도大 전략小		수大토小 정보大 전략小	토大수小 문화大 정보小	금大목小 전략大 제도小	목大금小 제도大 전략小		수大화小 정보大 문화小 (정보大 열정小)	화大수小 문화大 정보小 (열정大 정보小)

〈표 5〉 조직체질의 개념

2. 사상체질과 동무의 오행 배속이 가진 존재론적 인식론적 함의 – 생성적 과정의 사유

동무 이제마는 사상체질을 제시하는 과정에서 매우 독특한 오행 장기 배속을 제시합니다. 그것은 黃帝內徑에서부터 내려 오는 전통적 한의학 이론을 벗어나는 오행 장기 배속인데, 곧 내경은 목–화–토–금–수에 해당하는 장기를 간–심–비–폐– 신으로 삼는 반면에 동무는 이를 폐–비–심–간–신으로 삼는다 는 것입니다. 앞에서 본 〈표 5〉는 내경과 동무의 장기 배속을 비교해서 보여주고 있습니다.

이러한 동무의 장기 배속은 전통 배속에 있어서의 목과 금, 화와 토의 장기 배속을 바꾼 것입니다.

이처럼 목과 금, 화와 토의 장기 배속을 바꾼 것이 어떤 의미 인지 먼저 짚어보겠습니다. 내경에서 간과 폐는 각각 木과 金 의 장기입니다. 다시 말해서 간은 木의 기운을 띠는 陽의 장기 이고 폐는 金의 기운을 띠는 陰의 장기인데, 동무는 이 배속을 뒤바꿔 버립니다. 간을 오히려 金의 장기로, 폐를 木의 장기로 두는 것이지요. 도대체 왜 그랬을까요? 그리고 그것이 의미하는 바는 무엇일까요?

문제는 간이란 장기를 **본질적** 관점에서 볼 것인가 **현상적** 관점에서 볼 것인가라는 질문입니다. 본질적 관점에서 본다면 간은 木의 기운을 띤 장기이고, 그래서 木에 배속되어야 하며, 그것이 전통 한의학의 배속입니다. 반면 간을 현상적 관점에서 본다면 간은 시간이 지날수록 경화하므로 오히려 金의 기운을 받는 장기로 金에 배속되어야 한다는 것입니다.

이것은 사실 모든 오행 배속에 있어서 제기되는 문제입니다. 곧 오행 목—화—토—금—수에 대입하는 현상의 요소를 본질적 관점에서 배속할 것인가 아니면 현상적 관점에서 배속할 것인가의 문제입니다. 이것은 동무 이전에는 별로 주의를 기울이지 않았던 문제인데, 동무는 이 질문에서 출발하여 그만의 독창적 오행 배속 원리를 제시하고 있습니다.

1) 동무 이제마의 오행 배속 원리

동무 이제마의 오행 배속 원리를 보다 자세히 살펴보겠습니다. 동무 이제마는 먼저 **오행이 실제적 현상을 설명할 수 있는 원리인가**라는 질문에서 출발합니다. 오행은 원래는 나무-불-흙-쇠-물과 같이 우리가 자연에서 실제로 인식할 수 있는 질료의 개념에서 출발하였으나, 시간이 흐르면서 점차 우주의 본질적 氣運을 나타내는 목-화-토-금-수 개념으로 추상화되었다고 할 수 있겠습니다. 그런데 문제는 이렇게 오행이 추상화되면서 오행 원리가 자칫 실제적 현상과 동떨어진 하나의 관념적 사변적 원리로 전락할 위험이 생겼다는 것입니다. 한 마디로 실제적 현상을 설명할 수 없게 되었다는 것이지요.

그래서 동무 이제마는 오행이 추상적 개념 차원에서 실제적 현상 차원으로 다시 내려와야 한다고 주장합니다. 다시 말해서 오행이 관념적 사변적 원리로 전락하지 않으려면, 오행 원리가 목-화-토-금-수라는 추상적 개념 차원이 아니라 나무-불-흙-쇠-물이란 실제적 현상 차원에서 전개되어야 한다, 그래서 이러한 목-화-토-금-수라는 추상적 원리가 어떻게 나무-불-흙-쇠-물이란 실제적 현상으로 실제화하는지를 설명해 줄 수 있어야 한다는 것입니다.

이러한 동무의 주장을 한동석은 오행 개념의 **질량**(質量) 변화란 이름으로 설명하고 있습니다. 다소 길고 고어적 표현이 많지만 한동석의 설명을 직접 들어보겠습니다.

"내경(內經)에서는 사물의 본질을 표준으로 하고 오행의 개념을 설정하였다. 그러므로 그 논술방법이나 요지는 관념적 내용이나 방법을 벗어날 수가 없었다. 다시 말하면 가령 木을 '나무'라고 하는 것은 量的인 면을 말하는 것이요 木이라고 하는 것은 본질적인 면을 말하는 것이다. 그런데 量的 현상이란 것은 물질의 변화현상 자체가 아니고 이미 변화를 완결한, 즉 응고되어 있는 것이므로 이것은 변화의 완결일 뿐이고 변화의 본질적 요소가 될 수는 없는 것이다. (중략) 그런즉 일반적으로 오행법칙이라고 하는 것은 오행의 본질적 법칙이며 또한 그것은 관념론적 연구방법이었던 것이다.

그러나 이와 같은 관념론적 방법을 현실적인 사물과 부합시키지 못한다고 하면, 또는 부합되지 않는다고 하면 오행이 변화의 법칙인 진리가 될 수는 없을 것이다. 그런데 처음으로 오행법칙을 量的인 면에서 관찰하고 이것을 인체의 장부에 배치한 것이 동무 이제마였던 것이다. (중략)

동무는 내경에서 논한 바의 肝木(등)을 肝金(등)으로 바꿔 놓았다. 왜 그렇게 하였는가 하면 이것이 바로 관념적인 개념을 현실적인 개념으로 바꿔 놓기 위한 것이다. 사물의 본질적인

流動은 인식하기 어려우므로 현상적인 形象에서 본질적인 개념을 파악하기 용이하게 하려는 데 목적이 있었던 것이다. (중략) 그런즉 오행의 본질적 개념을 현상적 개념으로 바꿔 놓음으로써, 즉 오행운동의 裏面을 중심으로 하였던 것을 表裏 중심으로 관찰함으로써 사물의 형상을 정확히 파악하도록 하려는 것이다. 그러므로 木火土金水라는 개념(관념적 개념)이 나무-불-흙-금-물이라는 물질적 개념으로 변화하는 실상을 연구함으로써만이 오행개념이 관념 중심에서 현실 중심으로, 또는 피상적 현실에서 異質的인 내용으로 자유로이 會通할 수 있는 실질적 원리가 될 것이다."(한동석, 우주 변화의 원리, p.93~95)

이것은 오행 원리에 대한 매우 근본적이며 또한 미묘한 지적입니다. 실제 오행 원리에 대한 일반적 이해와 해석을 근본적으로 뒤엎는 주장이라고도 하겠고요. 사실 우리는 단순히 체질의 개념을 배우고자 해서 동무 이제마를 오르기 시작했는데 이 과정에서 예기치 않았던 태산협곡을 만난 셈입니다. 어쨌든 이왕 시작한 동무 이제마 오르기인 만큼 그 주장의 핵심이 무엇인지를 알아봐야 하겠습니다. 그리고 잠시 후 나오지만 동무의 주장에서 우리가 앞서 남겨 두었던 오행 존재의 본질이란 문제의 흔적을 발견하고 놀라게 됩니다.

2) 오행 배속에 있어서 개념과 현상의 대응 문제

동무의 오행 배속 원리를 이해하기 위하여 먼저 **개념과 현상**의 대응이란 문제부터 살펴보겠습니다.

세상을 본질의 세계와 실제 드러나는 현상 세계로 나눈다면, 우리는 여태껏 오행의 목-화-토-금-수를 본질의 세계에 속하는 개념 요소로 간주하고, 그에 상응하는 실제적 현상 요소를 오행 배속이라는 형태로 포착하였습니다. 예를 들어 조직이라면 목-화-토-금-수라는 조직의 본질적 기운을 상정하고, 각 기운에 상응하는 실제적 **현상** 요소로 전략-열정-문화-제도-정보라는 요소를 설정한다는 것이지요.

다시 말해서 오행 배속은 이러한 개념-현상의 대응 관계를 설정하는 작업이라 할 수 있겠습니다.

그런데 지금 문제가 되고 있는 목-화-토-금-수에 대한 나무-불-흙-쇠-물의 대응은 **목-화-토-금-수**라는 개념 자체를 설정하는 데 있어서도 이러한 개념-현상의 대응 작업이 필요하다는 것을 의미합니다. 木이란 **개념**을 설정하기 위해 나무란 **현상**이 필요하다, 혹은 나무란 현상에 기대어 木의 개념을 설정한다는 것이 되겠습니다.

이것은 솔직히 우리가 당연히 여기고 무심히 지나쳤던 개념-현상의 대응입니다. 목-화-토-금-수의 개념을 설정하는 데 있어서 이들을 나무-불-흙-쇠-물의 현상과 연결시키는 것이 너무도 당연했기에, 이러한 인식의 바닥에 목(개념)-나무(현상)라는 개념-현상의 대응이 숨어 있다는 사실을 간과했다는 것이지요.

물론 원래 오행 출발부터가 나무라는 **현상**에서 출발하여 이것을 木이란 **개념**으로 추상화했기 때문에, 거꾸로 木이란 개념에서 나무라는 현상으로의 구체화는 당연하다고 여겼을 수도 있겠습니다. 그러나 어쨌든 그 출발에 상관없이 木이란 개념에 나무라는 현상이 대응한다는 사실은 분명한 것 같습니다.

이처럼 오행 목-화-토-금-수 자체의 개념화에 있어서도 개념-현상의 대응이 작용한다는 사실은 오행 배속에 있어서 새로운 사실을 드러냅니다.

그것은 오행 배속 중간에 숨어 있는 대응 관계입니다. 지금까지는 오행 배속에서 예컨대 목(개념)-전략(현상)이라는 단순 대응 관계를 설정했다면, 이제는 이것이 목(개념)-나무(현상)-전략(현상)이라는 대응 관계로 확대된다는 것이지요. 그렇다면 나무와 전략의 관계는 무엇인가 했을 때, 둘 다 현상의 요소이기는 하지만 나무는 木이란 개념 자체를 설정하기 위해 가져오는 소위 **개념현상**이라 부를 수 있겠고, 반면에 **전략**은 이렇게 설정된 木이란 개념 요소를 **조직**이라는 우리가 설명하고자 하는 특정 현상영역에서 포착하는 소위 **설명현상**이라 부를 수 있겠습니다. 결국 오행을 현상에 적용하는 오행 배속 문제는 목(개념)-나무(개념현상)-전략(설명현상)의 형태로 전개된다는 것입니다.

3) 오행 배속에서 읽는 동무 이제마의 생성적 사유

이제 이러한 개념-개념현상-설명현상의 대응관계를 가지고 동무 이제마의 오행 배속을 다시 읽어 보겠습니다. 동무 사상 체질 이론의 핵심에 대한 논의가 되겠습니다.

內經의 전통 한의학은 간은 木이고 폐는 金인데 동무는 이것을 뒤바꾸어야 한다, 곧 간이 金이고 폐가 木이 되어야 한다고 주장합니다. 이것을 개념-현상의 대응 관계로 표현하자면, 내경은 목(개념)-간(설명현상), 금(개념)-폐(설명현상)의 단순 대응 관계를 설정하는 데 반해서, 동무는 이를 목(개념)-나무(개념현상)-폐(설명현상), 금(개념)-쇠(개념현상)-간(설명현상)의 보다 복합적 대응 관계로 파악해야 한다는 것이지요.

이러한 동무의 주장의 배경에는 앞에서 언급한 대로 본질과 현상의 대비가 깔려 있습니다. 간(肝)이라는 현상 요소를 목-화-토-금-수 오행에 배속시키는 데 있어서, 이를 **본질적** 관점에서 배속시킬 것인가 아니면 **현상적** 관점에서 배속시킬 것인가를 물어야 한다는 것입니다. 본질의 관점에서 본다면 간은 木의 기운을 띠는 장기로서 木에 배속되고, 이것이 전통 한의학의 배속입니다. 반면 현상적 관점에서 본다면 간은 시간이 지날수록 硬化하므로 오히려 金의 기운을 받는 장기로 金에 배속되는 것이 타당하다는 것입니다. 다시 말해서 간은 본질적으로는 木의 장기이지만, 현상적으로는 金의 기운을 보이는 장기라는 것입니다.

이러한 동무의 주장은 두 가지 매우 흥미로운 존재론적 인식론적 함의를 담고 있습니다.

첫째는 **나무라는 개념현상이 가지는 의미입니다.** 동무는 오행의 목-화-토-금-수 개념을 나무-불-흙-쇠-물이라는 개념현상으로 대응시켰을 때, 이것이 단순 일대일 대응이 될 수 없음을 지적합니다. 木(개념)과 나무(개념현상)가 완전하게 합치하지 않는다는 것이지요.

---

60 물론 우리 스스로 시작부터 오행의 존재론과 인식론을 그릇되게 설정하고 출발했을 수도 있겠습니다.

이것은 바꾸어 말하면 우리는 木이라는 개념을 표상하는 것으로 나무라는 현상을 들지만, 정작 존재론적으로 말하자면 나무란 현상은 木이란 개념과 항상 조금씩 어긋나 있다는 것입니다. 이것은 오행의 존재론과 인식론 전체를 흔들어 놓는 주장입니다.[60]

두 번째 함의는 이렇게 어긋나게 되는 이유인데, 동무는 그 이유를 오행의 작동원리에서 찾습니다. 나무라는 현상이 木이라는 개념을 표상하지 못하는 이유는 그 나무가 木이라는 개념에 고착된 현상이 아니라, 木에서 출발하여 金을 향해 나아가는 과정의 중간 어디쯤에서 포착되는 현상이기 때문이라는 것입니다. 나무는 木의 기운을 표상하는 개념현상이지만, 이 나무는 결코 100퍼센트 木 자체이기보다 그 기운이나 성질로 본다면 木과 金의 중간쯤이라고 볼 수 있다는 것이지요.

이처럼 나무가 木에서 金으로 나아가는 이유는 목-화-토-금-수 오행의 작동원리가 그러하기 때문입니다. 다시 말해서, 木 자체가 그렇게 金의 방조를 받아서 이루어지는 성질이 있다는 것입니다.[61] 나무라는 개념현상은 이와 같은 木과 金의 상호작동원리가 현상적으로 드러난 결과일 뿐이라는 것이고, 동무는 이것을 質量 변화의 원리로 부른다고 했습니다.

189

---

61 이것은 앞서 한동석의 상생·상극 설명논리와 묘하게 중첩됩니다. 한동석이 木은 金의 克을 받아서 그 形을 형성한다고 한 것을 기억하시지요. (참조: 4장 3절 상생·상극 관계의 중첩과 오행 생성 원리)

이상은 매우 음미할 만한 존재론적 인식론적 함의입니다. 우리는 오행 목-화-토-금-수를 개별적 독자적 관념으로 설정하지만, 정작 현상 세계에서는 이들 각각을 온전히 표상하는 현상이란 없다는 것이며, 대신 모든 현상 세계의 요소는 이들이 변화하는 과정의 어느 중간쯤을 드러내는 현상이라는 것이지요. 바꾸어 말하면 모든 **현상** 요소는 정적 **실체**를 포착하는 개념이 아니라 동적 순환 유행의 **과정**을 포착하는 개념이라는 것입니다. 목은 금을 향해서, 금은 목을 향해서 나아가는 과정 말입니다.

이러한 동무의 고찰은 앞서 논의된 들뢰즈와 가타리의 「되기」의 **생성철학**과 정확하게 일치하는 우주론입니다. 또한 현대의 양자물리학이 말하는 불확정성 원리, 또 불교가 말하는 연기법이나 무아론 등과도 맞물려 있습니다. 동무도 그렇고 들뢰즈와 가타리도 그렇고 어떻게 보면 기존의 정통적 사유의 대열에서 스스로를 이탈시킨 방랑자라 할 수 있는데, 이처럼 동양과 서양의 두 방랑자가 시대와 영역을 넘어서 전혀 예기치 않았던 사유의 공간에서 이처럼 완벽하게 조우하게 된다는 것이 놀라울 따름입니다.[62]

동무 이제마는 이제 이러한 고찰을 토대로 기존의 오행 배속과는 다른 오행 배속을 전개합니다. 그리고 목-화-토-금-수

---

62 사실 周易이라는 것이 이러한 생성적 과정적 철학을 내재화시킨 사유체계가 아닐까 하는 상상을 하게 되고, 이것은 앞서 서문에서 밝힌 대로 향후 다루어야 할 숙제입니다.

오행의 작동원리를 새롭게 조명합니다. 소위 순환 유행의 원리입니다. 기존 오행 원리가 목-화-토-금-수와 간-심-비-폐-신 사이에 「개념」-「설명현상」의 단순 일대일 대응관계를 설정했다면, 동무는 「개념」과 「설명현상」 사이에 나무-불-흙-쇠-물이라는 「개념현상」을 위치시킵니다. 이 「개념현상」은 다름 아닌 오행요소가 순환 유행하는 과정을 **현상적**으로 포착하고자 하는 개념입니다. 그리고 「설명현상」은 이처럼 목-화-토-금-수란 「개념」보다는 나무-불-흙-쇠-물이라는 「개념현상」에 보다 가까운 현상이라 하겠고요.

이러한 동무의 시도는 기존 오행원리 이해와는 근본적으로 다른 시각에서의 오행원리 해석이자 접근이라 하겠고, 이러한 동무의 이론을 받아들인다면 앞에서 우리가 시도했던 목-화-토-금-수와 전략-열정-문화-제도-정보의 「개념-현상」 대응관계도 당연히 새롭게 해석되어야 하겠습니다. 뒤에 조직체질에 대한 논의에서 이러한 새로운 해석을 시도해 보도록 하겠습니다.

4) 음양체용의 관계

사상체질 이론에 있어서 오행 배속의 문제가 해결되면 다음으로 다루어야 하는 것이 그 체질의 해석 문제입니다. 예컨대 태양인은 폐大간小하다, 태음인은 간大폐小하다고 했을 때, 이러한 장기의 大小구조를 어떻게 해석할 것인가라는 문제이지요.

이러한 사상체질 해석을 위해서 살펴야 하는 것이 「음양체용의 관계」에 대한 이론입니다.

사상체질에 대한 해석을 보면 재미있는 사실이 눈에 띄는데, 그것은 「태양과 태음에 있어서 장기의 크기와 기능은 반비례」하는 것으로 본다는 것입니다.

이것이 바로 「체(體)와 용(用)의 관계」 문제가 되겠는데, 곧 형체가 클수록 작용은 떨어지는 경우로 설명합니다. 예를 들어 이성환 등의 설명을 빌리자면, 태양인은 폐大간小하다고 했는데, 이것은 폐가 형체는 크지만 그 기능은 떨어지고, 간이 형체는 작지만 그 기능은 활발하다는 것입니다.

반면 소양과 소음에 있어서는 형체의 크기와 기능이 같이 간다고 합니다. 그래서 소양인이 비大신小하다는 것은 비는 크고 기능이 활발하나 신은 작고 기능도 떨어지는 것을 뜻한다고 합니다.

아울러 간과 폐, 비와 신을 짝으로 연결하는 이유는 음양의 작용 관점에서 보면 간과 폐는 양과 음의 활동을 진행하기 시작하는 기관이고, 비와 신은 이러한 양과 음의 활동이 극에 이르는 기관이며, 또한 간과 폐, 비와 신이 각각 하나는 양, 다른 하나는 음으로 서로 맞물리기 때문이라고 합니다.[63]

앞에서 **형체**와 **작용**의 관계를 보았는데, 이와 더불어 나오는 문제는 「작용과 에너지의 관계」입니다. 예를 들어서 사상에 있어서 태(太)와 소(少)는 많고 적다는 의미로 쓰이는데, 왜 봄이 여름보다 陽이 적음에도 불구하고 소양이 아니라 태양으로 간주되는가 물을 수 있습니다. 이성환 등은 이것을 사상을 만물에 적용하는 데 있어서 **작용적** 측면과 **에너지적** 측면이 나누어지기 때문으로 설명합니다.[64] 태양에서 陽이 많다는 것은 陽이 될 수 있는 에너지를 많이 가지고 있는 대신 아직 陽의 작용은 활발하지 않은 상태이고, 소양에서 양이 적다는 것은 陽의 작용을 내는 에너지를 이미 많이 써서 에너지는 적은 대신 그만큼 양의 작용은 활발하다는 것이지요. 그래서 太와 少로서 나타내고자 하는 것이 「작용」이냐 아니면 그러한 작용을 가능케 하는 「에너지」냐에 따라서 봄이 태양이 될 수도 소양이 될 수도 있게 됩니다.

63 이성환, 김기현, *주역의 과학과 도*, 정신세계사, 2009. p.264
64 이성환, 김기현, op. cit., p.512

어쨌든 봄을 무엇으로 부르는가가 중요하다기보다는 이러한 음과 양의 대대와 전이가 전개되는 과정을 형체와 작용, 작용과 에너지라는 측면에서 보다 세분화된 형태로 포착하고자 하는 것이 「음양체용의 관계」라 하겠습니다. 이러한 음양체용 관계는 나중에 조직체질을 살피는 데 있어서도 중요한 이슈로 등장하게 됩니다.

5) 체질에 따른 처방과 치료

사상의학에서 체질의 진단만큼이나 중요한 것은 체질에 따른 처방과 치료입니다. 체질의 개념이 아무리 타당하다 하더라도 이에 따른 처방과 치료 방법을 알지 못한다면 의미가 없겠지요. 한의학은 일반적으로 두 가지 방법을 동원해 병을 치료합니다. 바로 침술과 약제입니다. 침술은 인체의 경락과 혈을 조절하는 수단인데, 경락은 한의학이 가상적으로 설정한 기의 통로를 말합니다. 이러한 경락에의 시침을 통해 오행 장기 사이에 흐르는 기를 조절함으로써 장기의 균형, 보다 정확히는 각체질이 가진 「선천적 불균형의 균형」을 회복하는 것입니다.

우리는 지금껏 한의학적 유비를 통해 조직의 진단과 처방을 살피고 있는데, 그렇다면 이러한 한의학이 가진 침술과 약제의 치료 방법까지도 우리 유비의 대상이 되는가, 된다면 그 범위와 정도를 어디까지로 잡을 것인가라는 질문을 던지지 않을 수 없습니다.

예를 들어 조직에도 인체의 경락에 상응하는 氣의 통로를 설정할 수 있는가, 혹은 조직에도 氣를 보하는 약제라는 유비가 가능한가 등의 질문인데, 이 문제는 지금 당장 답할 수는 없겠고, 뒤에서도 지적하겠습니다만 소위 임상과학으로서의 조직오행경영론을 정립해 나가는 과정에서 자연스럽게 다루어질 것으로 보입니다. 다시 말해서 조직 임상 경험을 통해 다양한 조직 처방과 치료의 방법을 모색하는 과정에서 필요하다면 이러한 한의학적 유비로 되돌아올 수 있을 것입니다. 물론 항상 이런 유비가 도를 넘어서 지나칠 수 있다는 경계는 늦추지 말아야 하겠습니다.

3. 조직체질 개념의 해석과 이해

이제 이러한 체질의 개념을 가지고 조직을 바라보겠습니다.

조직현상에 있어서 체질의 개념을 적용할 수 있는가라는 질문입니다. 조직이 취하는 모습들이 각기 다를진대, 이러한 조직을 체질이란 관점에서 범주화해 볼 수 있지 않겠는가, 그래서 예컨대 조직에도 태양과 태음, 소양과 소음이라는 四象의 모습을 설정해 볼 수 있지 않겠는가라는 질문인데, 이것은 매우 흥미로운 지적 상상 작업이 될 수 있을 것 같습니다.

물론 조심해야 할 부분은 있습니다. 어떤 경우든 사유의 방편으로서의 유비(analogy)는 지켜야 할 한계가 있는데, 조직현상에 있어서 체질 유비 역시 이러한 한계를 넘어설 수 있기 때문입니다. 예컨대 앞에서 지적한 대로 조직현상에 체질의 개념을 받아들인다면 그에 따른 침술과 약제의 처방 방법까지도 받아들여야 하는가라는 질문이 나오게 됩니다. 그런데 이것은 자칫 조직의 경락과 혈도, 조직의 보약과 사약 등으로까지 이어질

65 Miller는 조직을 유기체(organism)에 비유하면서 조직에도 호흡기관과 대사기관 등 모든 유기체 기능이 필요하다는 주장을 펴고 있습니다. (참조: Miller, J.G., *Living Systems*, Colorado, 1978)

수 있겠고, 그렇다면 사실 Miller의 유기체 이론 못지않은 억지스러운 유비가 될 위험이 있습니다.[65]

그럼에도 불구하고 체질 개념은 일단 흥미롭습니다. 조직 진단과 처방 이전에 조직분류의 한 형태로만 본다 하더라도 그렇습니다. 지금껏 조직 유형을 나누어보고자 하는 많은 시도가 있어 왔는데 조직체질은 어쨌든 조직분류의 새로운 형태인 것은 분명하니까요. 이제 오행과 사상체질 개념을 동원하여 조직체질이란 유비를 전개시켜 보겠습니다.

1) 조직의 사상체질 – 태음·태양·소음·소양

조직체질은 체질의 개념에 비추어 본다면 조직오행이 가지는 선천적 불균형 관계에서 출발하는 개념이라고 하겠습니다. 사람의 체질이 장부 사이의 선천적 불균형에서 비롯되는 것처럼 전략–열정–문화–제도–정보의 조직오행 사이에도 이런 선천적 불균형이 있어서 이것을 조직체질이라 부르게 된다는 것이지요.

여기서 선천적 불균형이란 요소간 大小관계를 의미하는데 다음의 〈표 5〉가 이것을 보여주고 있습니다.[66]

---

66 〈표 5〉는 앞에 나왔던 p.179의 〈표 5〉와 동일한 것으로서, 읽는 편의를 위해 다시 실었습니다.

사람의 체질									
	內徑 (본질적인 면) – 장기 오행 배속					사상의학 (양적인 면) – 장기 오행 배속				
오장	간(肝)	심(心)	비(脾)	폐(肺)	신(腎)	간(肝)	심(心)	비(脾)	폐(肺)	신(腎)
오행	목(木)	화(火)	토(土)	금(金)	수(水)	금(金)	토(土)	화(火)	목(木)	수(水)
사상	태음인		태양인	소음인	소양인	태음인	태양인	소음인		소양인
사상 형태	간大폐小 목大금小		폐大간小 금大목小	신大비小 수大토小	비大신小 토大수小	간大폐小 금大목小	폐大간小 목大금小	신大비小 수大화小		비大신小 화大수小

조직체질									
	內徑 (본질적인 면) – 장기 오행 배속					사상의학 (양적인 면) – 장기 오행 배속				
조직	전략	열정	문화	제도	정보	전략	열정 (문화)	문화 (열정)	제도	정보
오행	목(木)	화(火)	토(土)	금(金)	수(水)	금(金)	토(土)	화(火)	목(木)	수(水)
조직 사상	태음 조직	태양 조직	소음 조직	소양 조직		태음 조직	태양 조직	소음 조직	소양 조직	
조직 사상 형태	목大금小 전략大 제도小	금大목小 제도大 전략小	수大토小 정보大 문화小	토大수小 문화大 정보小	금大목小 전략大 제도小	목大금小 제도大 전략小	수大화小 정보大 문화小 (정보大 열정小)	화大수小 문화大 정보小 (열정大 정보小)		

〈표 5〉 조직체질의 개념

표에서 볼 수 있듯이 조직체질은 태음-태양-소음-소양의 네 체질로 나누어지며, 각 체질마다 고유한 조직오행간 불균형을 가지고 있는 것으로 표시됩니다.

태음과 태양 조직은 **전략**과 **제도** 관점에서 대비됩니다. 그래서 태음 조직은 **전략**은 강하고 **제도**는 약한 조직, 태양 조직은 거꾸로 **제도**는 강하고 **전략**은 약한 조직이 됩니다. 반면 소음과 소양 조직은 **정보**와 **문화**의 관점에서 대비됩니다. 그래서 소음 조직은 **정보**는 강하고 **문화**는 약한 조직, 소양 조직은 **문화**는 강하고 **정보**는 약한 조직이 됩니다. 물론 여기서 강하고 약하다는 것은 요소의 大小 관계를 상징적으로 표현하는 말입니다.

그런데 이러한 조직의 사상 체질을 놓고 봤을 때, 각 체질의 해석이 생각 외로 그렇게 간단한 문제가 아님을 보게 됩니다. 이러한 해석 문제는 크게 세 가지로 정리할 수 있습니다.

첫째는 태음과 태양, 그리고 소음과 소양 조직을 각각 **전략**과 **제도**, **문화**와 **정보**라는 관점에서 가르는 것이 과연 타당하고 적절한가라는 문제로서, 바로 「오행 배속의 문제」라 하겠습니다.

두 번째는 각 체질에 있어서 어떤 요소가 **강하다**(大) 혹은 **약하다**(小)라는 것을 어떻게 해석할 것인가 하는 문제인데, 이것은 조직체질 해석에 있어서 핵심적 문제로서, 앞에서 나온 「**음양체용의 문제**」라 할 수 있겠습니다.

마지막으로 세 번째는 조직체질 개념의 바탕에 깔려 있는 「**조**

직의 작동원리를 포착하는 문제」인데, 이것은 앞에서 나온 동무의 생성적 과정적 우주론 관점에서 조직현상을 읽는 작업이 되겠습니다. 우선 순서대로 첫 번째 문제부터 다루어 보겠습니다.

2) 조직체질을 가르는 기준
   ### – 동무의 오행 배속 비틀기

태음과 태양 조직은 **전략**과 **제도**, 소음과 소양 조직은 **정보**와 **문화** 관점에서 조직체질이 나누어집니다. 태음 조직은 **전략**이 강하고 **제도**는 약한 조직, 태양 조직은 거꾸로 **제도**는 강하고 **전략**은 약한 조직이며, 또 소음 조직은 **정보**는 강하고 **문화**는 약한 조직, 소양 조직은 거꾸로 **문화**는 강하고 **정보**는 약한 조직입니다.

그런데 이러한 조직체질 설명에 있어서 태음–태양의 경우는 그렇다 치더라도 소음–소양의 경우에는 다소 납득하기 어렵다는 생각을 하게 됩니다. 그것은 소음과 소양 체질을 나누는 **문화**와 **정보**가 과연 하나가 강하면 다른 하나가 약하게 되는 그런 대칭적 개념인가 하는 의문 때문입니다. 소음 소양 조직에 있어서 왜 이러한 개념적 대칭성 문제가 발생하게 되는지 그 원인을 살펴보겠습니다.

동무는 그의 사상체질 이론을 전개하면서 체질을 결정하는 장기 배속과 그 大小관계에 약간의 비틀림을 가했는데, 그것은 심(心)의 배속을 화(火)에서 토(土)로 옮기고, 소음과 소양의 오행 관계를 내경(內經)이 말하는 토(土)와 수(水)의 관계가 아닌 화(火)와 수(水)의 관계로 바꾼 것입니다. 그래서 소음은 수大토小가 아니라 수大화小, 소양은 토大수小가 아니라 화大수小라고 서술하고 있습니다.

동무가 이렇게 한 이유는 크게 두 가지입니다. 하나는 **심(心)**이란 장기는 인간의 본질을 상징하는 장기로서 간-비-폐-신의 다른 장기와 같이 다루어서는 안 된다는 생각에서입니다. 심(心)은 인간의 본질을 상징하는 가장 핵심 장기인데, 이를 화(火)로 두면 이 火는 水와 상극관계를 이루게 되어 이것은 인간의 본질에 대한 바른 견해와 설명이 될 수 없다는 것이지요. 그래서 동무는 이 심(心)을 토(土)로 옮겨 火-水의 상극관계에서 해방시키고 있습니다.

동무가 오행 배속을 비튼 또 다른 이유는 사상체질이란 이렇게 土를 중심으로 木-金과 火-水가 이루는 **상극**의 작용에 기초해서 설명해야 한다는 생각에서입니다. 내경(內經)에서 소음과 소양은 土-水의 관계로 서술되는데, 심(心)을 土로 옮긴 마당에서 土-水의 관계로 체질을 가른다는 것이 적절치 않기도 하고요. 그래서 동무는 소음과 소양을 土-水의 상극관계가 아닌 火-水의 상극관계로 전환하고 있습니다. 가장 밑바닥에는 앞에서도 지적한 바 있듯이 상극관계를 만물을 생성하는 「必要克」으로 보고자 하는 시각도 어느 정도 감지되고요.

어쨌든 이러한 동무의 비틀림이 조직체질 개념을 전개하는 데 있어서 문제가 되는 것은 소음 조직과 소양 조직의 해석에 있어서입니다. 원래 동무의 생각을 따른다면 우리는 원래 火의 자리에 있던 **열정**을 土로 옮기고 대신 土의 자리에 있던 **문화**를 火로 옮겨, 소음과 소양 조직을 각각 수大화小와 화大수小, 곧 '정보는 강하고 문화는 약하다'는 소음 조직과 '문화는 강하고 정보는 약하다'는 소양 조직으로 설명하게 되는데, 이 설명이 왠지 내키지 않는다는 것이지요.

이것이 내키지 않는 이유는 내용적으로 본다면 **정보**와 **문화**를 대비시키기보다는 **정보**와 **열정**을 대비시키는 것이 훨씬 설득력이 있기 때문입니다. 바꾸어 말하면 **열정**을 火에서 土의 자리로 옮기기보다 원래의 자리에 두는 것이 조직오행의 경우는 훨씬 적절한 것으로 보인다는 것이지요.

이렇게 체질 개념의 적용이 다소 어긋나게 된 근본 원인은 오장에서 심(心)이란 장기와 조직오행에서 열정이란 요소가 가지는 의미가 같지 않다는 데 있습니다. 원래 내경(內經)에서는 심(心)이 火에 배속되어 있었는데 동무가 보기에 이 심(心)은 인간 본질을 나타내는 특별한 장기이기에 이것을 土로 옮겨 보호하고자 했다는 것이지요. 그러나 조직오행에 있어서는 원래 火의 자리에 위치해 있던 **열정**이라는 요소가 이처럼 인간의 심(心)에 해당할 만큼 특별하게 다루어져야 할 요소인가가 분명치 않다는 것입니다. 만약 그렇다면 그 열정을 火에서 土로 배속 이동하는 것이 과연 필요한가, 오히려 그렇게 이동하는 것이 조직체질의 해석을 방해할 수 있지 않겠는가라는 질문도 나오게 되고요. 조직오행에서 심(心)의 의미에 가까운 중심 요소를 찾는다면 **열정**보다는 오히려 원래 土의 자리에 있던 **문화**가 훨씬 더 적절한 대안일 수도 있다는 것이지요.[67]

그래서 이상의 논의를 바탕으로 봤을 때 조직체질의 서술은 다소의 수정이 필요하게 되겠습니다. 앞의 〈표 5〉가 이것을 보여주고 있는데, 표의 괄호 안에 나타나 있는 것처럼 **열정**과 **문화**의 배속 이동 없이, **정보(水)**와 **열정(火)**의 대비로 소음과 소양 조직을 서술하는 것이 보다 설득력 있는 조직체질 설명이 된다는 것입니다.

---

67 물론 이것은 열정과 문화를 어떻게 해석하는가에 따라서 이견이 있을 수 있겠습니다. 보는 관점에 따라서는 열정이야말로 조직의 핵심이라는 주장도 충분히 가능하니까요.

그래서 소음 소양 조직체질을 다시 정리하면 '소음 조직은 정보가 강하고 열정이 약한 조직', '소양 조직은 열정이 강하고 정보가 약한 조직'이 되겠습니다.

이처럼 전략과 제도의 대비로 태음과 태양 조직을 가르고, 정보와 열정의 대비로 소음과 소양 조직을 가르는 것을 조직체질의 개념으로 설정하고 다음 문제로 넘어가겠습니다.

3) 조직체질에서 크고(大) 작다(小)는 것 – 음양체용 법칙

조직체질 해석에 있어서 두 번째 문제는 「조직오행 大小의 해석」 문제입니다. 예를 들어 태음은 전략이 강하고(大) 제도가 약한(小) 조직이라고 하는데, 여기서 강하고 약하다는 것이 무슨 의미냐는 것입니다.

조직오행 大小에 대한 이러한 질문이 나오는 이유는 오행 요소가 강하고 약하다는 표현이 우리가 상식적으로 기대하는 음양의 大小 구조와 일치하지 않기 때문입니다. 태음은 원래 음양의 구조로 치자면 양보다 음이 센 경우입니다. 그래서 태음이라고 한다면 원래 음(金)으로 설정한 제도가 강하고 양(木)으로 설정한 **전략**이 약한 조직이 되어야 할 것 같은데, 오히려 그 반대로 **전략**이 강하고 **제도**가 약한 조직으로 태음을 설명하고 있다는 것이지요. 이것은 태양의 경우도 마찬가지입니다. 태양은 양인 **전략**이 강하고 음인 **제도**가 약한 조직이 되어야 할 것 같은데, 반대로 **전략**이 약하고 **제도**가 강한 조직으로 설명하고 있습니다.

결국 이처럼 조직체질 설명이 우리가 상식적으로 기대하는 음양의 大小 구조와 일치하지 않는 이유를 밝혀야 조직체질에 대한 제대로 된 해석과 설명이 가능해지겠습니다.

물론 이러한 음양 大小에 대한 우리 예상이 빗나가기는 동무 이전에 이미 내경(內經)에서 시작된 것이라고 할 수 있겠습니다. 〈표 5〉에서 보았듯이 내경은 태음과 태양을 각각 목大금小와 금大목小로 서술하고 있으니까요. 그래서 동무가 태음과 태양을 금大목小와 목大금小로 바꾼 것이 오히려 내경의 음양 大小 불일치를 해결하고자 한 시도라고 할 수도 있겠습니다.

또한 문제의 근원을 따지기로 한다면 더 거슬러 올라가서 사상(四象)과 오행이란 두 개념체계를 연결시키는 데서 출발했다고도 볼 수 있겠습니다. 사상과 오행은 처음부터 하나의 개념체계로 구축된 것이 아니고 그 연결은 사후적으로 이루어졌기 때문에 이러한 불일치가 발생했다는 것이지요. 또한 사상은 관념적 인식론인 데 반해서 오행은 오행 배속이란 작업에서 보듯이 실제 현상에서 출발하여 이를 오행에 배속시키는 실재적 인식론이라는 데서도 음양 大小 불일치의 원인을 찾을 수 있겠습니다.[68]

문제의 근원이 어떻든 음양 大小 구조에 대한 대답은 우선 **음양체용(陰陽體用)** 관점에서 시도해 볼 수 있겠습니다. 이것은 어떻게 보면 매우 쉽고 간단하게 문제를 비껴가는 방법인데, 곧 밖의 **형체**가 크면 안의 **작용**이 작다는 음양체용 법칙 관점에서 오행의 大小를 해석하는 것입니다. 그랬을 때 태음 조직이 가진 **전략**이 강하고(大) 제도가 약하다(小)는 설명은 **전략**이 형체는 크지만 정작 그 작용은 떨어지고 **제도**가 형체는 작지만 그 실제 작용은 활발하다는 설명이 되겠고, 이것은 곧 우리가 기대한 태음 조직, 곧 양보다 음이 강한 조직과 일치하는 설명이 되겠습니다.

태양 조직의 설명은 거꾸로 **제도**가 강하고(大) **전략**이 약하다(小)인데, 이것 역시 **제도**가 형체는 크지만 작용은 떨어지고 **전략**이 형체는 작지만 작용은 오히려 활발하다는 식의, 소위 음보다 양이 강한 조직으로 설명이 가능해집니다.[69]

---

68 사상과 오행을 대비시키는 한 가지 관점은 사상(四象)은 象을 나타내는 것으로, 오행(五行)의 행(行)은 움직임(move)을 나타내는 것으로 보는 것입니다. 그래서 어떤 존재의 형상을 이해하기 위해서는 사상의 관점에서 보는 것이 좋고, 작용을 파악하기 위해서는 오행의 관점에서 이해하는 것이 좋다는 주장도 있습니다. (참조: 이성환과 김기현, op. cit., p.296)

그러면 이러한 음양체용 법칙이 소음-소양 조직의 경우에는 어떻게 적용되는가를 봐야 하겠는데, 우선 그 전에 소음 소양 조직은 각각 **정보**가 크고(大) **열정**이 약하다(小)와 **열정**이 크고(大) **정보**가 약하다(小)로, 우리가 기대하는 음양의 大小 구조와 어긋나지 않습니다. 원래 조직오행에서 **정보**는 음을 나타내는 水, **열정**은 양을 나타내는 火이기 때문에 그렇습니다. 그래서 예컨대 소음에서 **정보**가 크고(大) **열정**이 약하다(小)는 것은 바로 음이 양보다 강하다는 설명이 됩니다.

이처럼 현재의 소음-소양 조직체질 해석이 문제가 없다면, 이것은 소음-소양에서는 태음-태양의 경우와는 달리 음양체용 법칙이 적용되지 않아야 오히려 제대로 된 조직체질 해석이 가능하다는 말이 되겠습니다.

실제 앞서 음양체용에 대한 논의에서도 언급했듯이, 한의학에 있어서 소음-소양 체질의 경우 형체와 작용은 같이 가는 것으로 설명하고 있습니다. 예를 들어 소양인이 비大신小하다는 것은 비가 크고 기능이 활발하며 신은 작고 기능도 떨어지는 것을 뜻한다고 합니다.

결국 정리하면 조직체질에 있어서 오행의 大小 문제는 음양

---

69 이러한 음양체용 관점에서의 설명은 뒤에 조직 작동원리를 논하는 과정에서 새로운 관점의 설명으로 대체됩니다.

체용 관점에서 태음-태양 조직의 경우는 **형체가 클수록 작용이** 떨어지는 것으로 해석하며, 반면 소음-소양 조직의 경우는 형체와 작용이 같이 가는 것으로 해석할 수 있겠습니다.

4) 조직체질에서 읽는 조직 작동원리 – 동무의 생성적·과정적 우주론

조직체질 해석에 있어서 제기되는 세 번째 문제는 조직체질 개념이 내포하고 있는 「조직의 작동원리를 포착」하는 문제입니다.

이것은 조직체질 개념을 어느 차원에서 이해하고 해석할 것인가라는 문제인데, 조직체질을 단순히 조직의 정태적 분류기준 정도로 볼 것이 아니라, 조직이 어떻게 작동하는가에 대한 동태적 설명논리가 담겨 있는 일종의 조직 작동원리라고 봐야 한다는 것입니다. 이것은 다소 거창한 표현이긴 합니다만 조직체질은 '우주론적 명제이다'라는 주장과 다르지 않습니다.

사실 조직체질을 그냥 하나의 조직 분류기준으로 스쳐 지나가지 못하게 계속 우리의 발목을 붙잡는 것이 있습니다. 그것은 동무가 시도한 오행 배속의 비틀기, 또 그 근저에 깔려 있는 생성적 과정적 우주론입니다. 앞서 지적한 대로 이러한 생성적 과정적 우주론은 조직현상에 대한 새로운 해석과 설명을 요구합니다.

우선 조직체질에 있어서 이러한 우주론적 해석 문제를 다루지 않을 수 없게 만든 원인이 앞에서 나온 음양의 大小 문제인데, 여기서부터 논의를 시작해보겠습니다.

태음 조직이 가진 **전략**이 강하고(大) **제도**가 약하다(小)는 설명은 태음이 가져야 하는 음〉양의 大小 구조가 **전략**(양)〉**제도**(음)가 가진 **양**〉음의 大小 구조와 충돌하기 때문에 생기는 문제인데, 앞서 음양체용 관점에서는 이러한 문제를 형체와 작용이 가진 반비례적 성질을 토대로 大小의 의미 자체를 바꾸어 버리는 형태로 설명한 바 있습니다. (형체가) 강하다(大)는 것이 사실은 (작용이) 약하다(小)는 것이라고 주장하는 것이지요.

반면 동무의 사상체질 이론은 전혀 다른 형태의 설명을 제시합니다. 그것은 **전략**은 양이고 **제도**는 음이라는 전제 자체를 바꾸어 버리는 것입니다. 이것은 오행 배속에서 출발하는 문제인데, 동무가 그의 사상체질 이론을 전개하는 데 있어서 양(木)으로서의 간(肝)과 음(金)으로서의 폐(肺)의 배속을 서로 뒤바꾸는 획기적 발상을 했던 것을 기억하시지요. 같은 논리로 **전략**이 양(木)으로 출발했지만 더 이상 양(木)이 아니라 오히려 음

(金)이고, **제도**가 음(金)으로 출발했지만 더 이상 음(金)이 아니라 오히려 양(木)이라는 것입니다. 앞서 음양체용 관점은 이러한 오행 배속 자체를 건드리지는 않았던 데 반해서, 동무의 이러한 오행 배속 비틀기는 우리로 하여금 보다 근본적 차원에서 조직체질을 해석하기를 주문합니다.

앞서 조직오행 배속에서 우리는 **전략**이 양(木)으로서 가진 생명력과 역동적 의지를 무척 강조하였는데, 이제 와서 그 양(木)으로서의 **전략**을 오히려 부정해야 한다는 사실은 솔직히 매우 당혹스럽습니다. 문제는 양(木)으로 출발한 전략이 어떻게 음(金)으로 전환되느냐를 설명하는 것인데, 역시 동무의 도움을 받지 않을 수 없습니다. 동무를 해석한 한동석의 설명을 보면 다음과 같습니다.

"간(肝)은 그 본질은 木이지만 간의 참다운 기능인 木(氣運)은 인간의 장성과 정비례로 金化(硬化)하여 가게 마련이다. 그러므로 간의 본질은 간의 이질적 내용인 바의 金으로 변화하는 것이다. 동무는 이 점에 착안하고 간을 金이라 한 것이니 이것이 바로 사물과 인간의 질량적 변화현상인 것이다. 다시 말하면 木(氣運)의 質的 변화는 나무라는 量的 변화를 일으킴으로써 관념이 현실화되는 것이다." (한동석, *우주 변화의 원리*, p.96)

이처럼 관념이 현실화되는 질량변화의 원칙이 바로 동무의 생성적 과정적 우주론의 요체가 되겠는데, 이를 **전략**이란 요소에 적용하면 이런 해석이 나옵니다. **전략**은 원래 그 본질은 조직에 생명력을 불어넣어주는 조직의 비전, 결단, 의지이지만, 이러한 **전략**은 시간이 흐를수록 경직되고 고착되지 않을 수 없다. 바꾸어 말하면 우리가 조직에서 목도하는 **전략**이란 현상은 비록 그 본질은 생명이나 그 드러난 형상은 결국 그것이 硬化되어 **제도화**되어간 결과에 지나지 않는다는 것입니다.[70] 또한 **전략**이 강하다는 것은 이러한 硬化와 **제도화**의 과정이 보다 더 진전된 것을 의미하는 것과 다르지 않다는 것입니다.

제도의 경우도 마찬가지입니다. 먼저 동무가 폐(肺)의 배속을 金에서 木으로 바꾼 데 대한 한동석의 설명을 들어보겠습니다.

"그 다음은 폐금(肺金)을 폐목(肺木)이라 하였다. 다시 말하면 폐는 量的으로 보면 木을 양(養)하기 위하여 金으로서 포위하는 작용을 하는 것이므로 (중략) 이것을 質的으로 관찰하면 金 속에서 木을 양(養)하려는 데 목적이 있는 것이다. 그러므로 폐는 외관은 金이지만 내용은 木이다. 그런데 이것을 물질에서 보면 金(金氣)은 수축작용을 하지만 '쇠', 즉 철물은 늘어나며 木은 늘어나지만 나무는 늘어나지 못하는 것이다(오행작용은 이와 같이 體

用이 상반되는 작용을 하는 것을 원칙으로 한다). 그러므로 동무
는 폐를 木이라고 한 것이다."(한동석, 우주 변화의 원리, p.99)

동무의 오행 배속 원리에 따라 **제도**를 해석하면 **제도**는 외양
적으로는 조직의 경직되고 고정된 성질을 나타내나, 실제 내용
에 있어서는 조직을 살리는 전략을 품으며 이를 낳고 키우는,
바꾸어 말하면 조직을 작동시키는 동력의 원천이 되는 전략을
보호 양생 지탱하는 토대며 구조라는 것입니다. 또한 **제도**가 강
하다는 것은 바로 이러한 조직 동력으로서의 **전략의 양생** 기능
이 가장 원활하게 효과적으로 가동되고 있음을 드러내는 것으
로 해석해야 한다는 것입니다.[71]

이처럼 조직현상 요소에 대한 전제, 그 오행 배속 자체를 뒤
바꾸어 본다는 것은 단순히 조직체질을 설명하는 방법의 문제
가 아니라, 앞에서도 강조한 바 있습니다만, 설명하고자 하는
현상의 본질에 대한 근본적 인식의 전환 문제라고 하겠습니다.

전략과 **제도**, 혹은 어떤 현상이라 하더라도 그것은 결코 고정
된 것이 아니며, 쉼없이 일어나고 있는 음양의 대대 순환 유행
의 한 찰나이고, 그 찰나에 드러나는 모습이라는 것이지요. 그
래서 결국 우리가 해야 할 인식 작업이란 현상을 하나의 고정된

---

71 이것은 사실 돌이켜보면 체(體)와 용(用)이 가진 상호 반작용적 결과와 맥을 같이 하
고 있습니다. 음양체용 법칙이 이처럼 생성논리적 입장에서 새롭게 해석될 수 있음
을 보여준다고 하겠지요.

실체, 확정된 개념, 불변하는 본질로 묶는 데 있는 것은 아닌
것 같습니다. 그 대신 오히려 현상을 그러한 실체, 개념, 본질
의 밧줄에서 푸는 것, 그 현상으로 하여금 자유로운 부유를 시
작하게 하는 것으로 보입니다.

전략은 이처럼 木에서 출발하지만 그 木에 매여 있지 않고 金
을 향한 항해를 시작합니다.

그렇지만 결코 완전한 金에 이르지 않으며, 항상 그 여정의
중간 어디쯤에서 우리에게 잠깐 그 모습을 비쳐줍니다. 이 순간
의 모습을 예민하게 포착하고, 그 스쳐 지나가는 모습에서 그가
어디서 왔으며 누구를 만났고 어디로 가는지 그 여정을 상상하
는 것, 이런 것이 우리 사유의 본질적 모습이라는 것이지요.

4. 조직 사상체질의 진단과 처방

이제 이러한 조직체질 해석에 대한 논의를 바탕으로 조직의 태음-태양-소음-소양 사상체질을 살펴보겠습니다. 먼저 각 조직체질의 의미를 살피고, 각 체질이 보여줄 수 있는 이상현상과 이에 대한 진단과 처방의 방향을 짚어 보겠습니다. 다음의 〈표 6〉은 조직체질의 의미와 제반 관련 내용을 정리해서 보여주고 있습니다.

조직오행	전략	열정	문화	제도	정보
질적 배속	목	화	토	금	수
양적 배속	금	화	토	목	수

조직체질	태음	태양	소음	소양
조직 오행 大小	전략大 제도小 (금大목小)	제도大 전략小 (목大금小)	정보大 열정小 (수大화小)	열정大 정보小 (화大수小)
조직 과정과 행태	(전략→제도) 경화(硬化) 제도화	(제도→전략) 양생(養生)	분석 의사결정	조직몰입 동기부여 직무만족
관련 조직	제도화 분화와 통합 관료주의	전략경영 지식경영 혁신조직 학습조직	Analyzer & Defender 의사결정이론	Prospector 리더십 전략의도 조직개발
조직 형태	공공/정부	중소기업	대기업	벤처기업

〈표 6〉 조직체질의 설명

1) 태음 조직

태음 조직은 **전략**이 강하고(大) **제도**가 약한(小) 조직입니다. 이처럼 **전략**이 강하고 **제도**가 약하다는 것이 음양의 大小 관점에서 어떻게 해석될 수 있는지를 살펴본 바 있습니다만, 어떻든 태음은 일단 음(金)의 기운이 양(木)의 기운을 누르는 조직이라고 하겠습니다.

내경(內經)도 그렇고 동무도 그렇고 이처럼 木과 金의 大小관계로 태음과 태양 체질을 나누고 있는데, 이러한 大小 관계는 어떤 방향으로의 움직임이라는 관점에서 바라봐야 한다는 것이 앞에서 얻은 결론입니다. 예컨대 木과 金을 대비시키는 태음—태양 체질이 내포하는 움직임은 두 방향, 곧 하나는 **木에서 金으로**의 움직임이고 다른 하나는 **金에서 木으로**의 움직임이며, 태음은 전자, 곧 木에서 金으로의 움직임이 보다 두드러진 경우가 되겠습니다.

木에서 金으로의 움직임은 소위 경화(硬化)의 과정입니다. 이것은 **전략**과 **제도**를 놓고 생각해 본다면, **전략**이 **제도**로 정착된다, 혹은 **전략**이 조직의 구조와 프로세스에 내장되어 고정된다, 이렇게 풀이할 수 있는데, 이러한 소위 **제도화**가 활발한 조직이

어떤 조직일까를 상상해 보는 것이 태음 조직을 이해하는 데 필
요하겠습니다.

제도화가 활발하다는 것은 조직이론에 있어서 Lawrence
와 Lorsch가 이야기한 조직 **분화와 통합**(Differentiation and
Integration)의 개념,[72] 그리고 Katz와 Kahn이 이야기한 **개방
사회시스템**(Open Social System) 개념 등을 떠올리게 합니다.[73]
Katz와 Kahn은 조직을 하나의 **개방사회시스템**으로 상정하고,
시스템의 소위 **네거티브 엔트로피**가 증가하면, 다시 말해서 조
직이 성장을 통해서 **에너지**를 비축하게 되면, 이러한 에너지는
조직의 **분화와 통합**을 촉진시키고, 그 결과로 조직 기능이 정교
하게 분화(differentiation)하면서 또한 상호 유기적으로 통합
(integration)되어 작동하는 매우 고도화된 조직이 탄생한다는
설명을 합니다.

일반적으로 체질의학은 사람의 체질을 그 사람의 신체적 성
격적 특성을 보고 파악합니다. 체질이 외형적으로 드러난다는
것이지요. 만약 조직에 있어서도 마찬가지라고 한다면, 우리
가 태음 조직에서 상상하게 되는 모습은 일단 이러한 조직의 분
화와 통합이 활발한 조직, 그래서 규모가 크고 성장지향적이며
복잡한 위계 구조를 가지는 조직입니다. 아마도 가장 대표적으

---

72 참조: Lawrence, P.R., and J.W. Lorsch, *Organization and environment: managing
differentiation and integration*, Boston, Harvard University, 1967
73 참조: Katz, D., and Kahn, R.L., Organizations and the System Concept, *The Social
Psychology of Organizations*, Chapter 2, New York, John Wiley and Sons, 1966

로 들 수 있는 예가 정부 및 공공부문 조직이 아닐까 싶습니다. 그렇다면 이것은 Weber가 제시한 소위 **관료주의**(*Bureaucracy*) 형태의 조직으로 표현할 수도 있겠습니다.[74]

태음 조직의 이상현상 또한 원래 체질 개념에 비추어 상상해 볼 수 있습니다. 체질은 요소가 가진 음양의 大小관계로서, 이러한 大小 관계는 선천적으로 주어진 불균형이며 그 자체로 건강한 상태입니다. 문제는 이렇게 선천적으로 주어진 불균형이 과도하게 어느 한 방향으로 쏠릴 때 일어나는 것입니다.

따라서 태음 조직에 있어서 이상현상은 전략에서 제도로의 이동, 곧 **제도화**가 과다하게 일어날 때 나타난다고 하겠습니다. 예컨대 **제도화**를 앞에서처럼 조직의 **분화와 통합**이라고 한다면, 한편으로는 조직 기능의 **분화**가 지나치게 일어나고 다른 한편으로는 이렇게 분화된 조직 기능들간의 **통합**이 원활하지 않은 경우가 되겠지요.

그래서 태음 조직의 조직 진단과 처방은 이처럼 과다한 제도화를 어떻게 방지하고 이를 원래의 상태로 회복시킬 수 있을지를 고민하는 것이 되겠습니다. 다시 말해서 **제도화**가 과도하게 이루어져 **전략**을 쇠하게 하면서 결과적으로 **제도**만 있고 전

---

74 그렇다고 해서 태음 조직이 관료주의가 가진 다소 부정적 의미까지 같이 승계하는 것은 아닙니다. 사실 Weber는 당초 관료주의를 정실주의(nepotism)를 극복하는 가장 효율적 사회시스템의 전형으로 묘사했던 것을 기억하실 것입니다.

략은 없는 조직이 되지 않도록, 이러한 지나친 **분화**를 적절히 조절하고, 또 그것들을 유기적으로 **통합**하는 데 초점을 맞추어야 할 것이며, 그 과정에서 발생하는 애로와 고충을 다룰 수 있어야 할 것입니다.

2) 태양 조직

태양 조직은 태음 조직과 반대로 **전략**이 약하고 **제도**가 강한 조직입니다. 여기서 약하고 강하다는 것을 앞에서처럼 어떤 **움직임**으로 본다면, 이것은 **제도**에서 **전략**으로의 움직임이 두드러진 조직, 다시 말해서 조직이 전략적으로 매우 활발하며, 이러한 전략적 활발함이 제도적으로 뒷받침되는 조직이 되겠습니다. 이런 **제도**에서 **전략**으로의 움직임은 말 그대로 양생(養生)의 과정이라 부를 수 있겠고요.

이처럼 **제도**가 **전략**을 양생(養生)하는, 그래서 조직의 전략적 역량과 성과를 **제도적**으로 보장하는 조직을 설계할 수 없는가 라는 문제는 사실 조직설계 이론이 오랫동안 고민해 온 숙제입니다. 태양 조직은 바로 이처럼 조직설계가 지향해 온 조직의 속성을 단 한 마디로 포착해 주는 개념이라고 하겠습니다.

태양 조직의 성향을 보여주는 가장 비근한 예를 들자면 아마도 **지식경영** 이론이 아닐까 싶습니다. 지식경영은 지식의 생성과 활용을 **제도화**하자는 시도입니다. 다시 말해서 지식의 생성과 활용이 우연히 어쩌다가 운 좋게 일어나는 일회성 사건이 아니라 조직의 구조, 인력, 프로세스, 전 영역에 의도적으로 설계되어 내재화되어 있는, 그래서 그러한 지식 주도적 가치창출이 제도적 구조적으로 보장되어 있는 조직을 만들자는 시도입니다.

학습조직과 혁신조직 이론도 같은 맥락에서 볼 수 있습니다. 학습과 혁신이라는 가치를 제도화하자, 그 구체적 메커니즘을 설계하여 조직 전 영역에 심고 내재화하자, 이런 시도들이고 이것이 바로 태양 조직이 가진 **제도에서 전략으로의 움직임**을 표상하는 경우라 하겠습니다.

따라서 태양 조직이 보일 수 있는 이상현상은 **제도**에서 **전략**으로의 움직임이 모자라거나 지나친 조직입니다. 예컨대 전략은 많으나 그 전략이 제도적으로 뒷받침되지 못하는 상태, 혹은 제도는 정교하게 설계되어 있으나 여기서 아무런 전략이 **양생**되지 못하는 상태 등은 모두 태양 조직이 경계해야 할 이상현상입니다. 이런 이상현상은 조직 생명주기로 본다면 주로 설립 초기, 그리고 규모로 본다면 주로 중소형 기업에서 많이 발견될 것으로 예상할 수 있겠습니다.

3) 소음 조직

소음-소양 체질은 앞에서 살펴본 태음-태양처럼 음양의 大小 구조가 어긋나지 않기 때문에 비교적 해석이 용이하다고 할 수 있으며, 음양체용에 있어서도 형체와 작용이 같이 가기 때문에 태음-태양보다 해석이 단순합니다.

소음 조직은 수大화小 조직입니다. **정보**(水)는 많고 **열정**(火)은 적은 조직이라는 것이지요. **정보**는 많고 **열정**은 적다는 것은 Miles와 Snow가 이야기하는 *Analyzer*(분석형) 내지 *Defender*(방어형) 조직에 가까운 형태일 것으로 보입니다.[75] Miles와 Snow는 조직의 유형을 전략의 **적극성***(aggressiveness)* 관점에서 *Prospector-Analyzer-Defender-Reactor*의 4가지 형태로 나누고 있는데, 이중 *Analyzer*와 *Defender* 유형은 도전과 위험보다는 방어와 안정을 우선시하며, 현재 주어진 역량과 시장 상황 안에서 효율과 성과의 극대화를 추구하는 조직입니다. 실제 대부분의 조직은 이러한 *Analyzer*와 *Defender* 형태에 속한다고 Miles와 Snow는 말하는데, 이러한 조직에서 **정보가 열정**에 우선하는 소음 조직의 모습을 발견할 수 있다고 하겠습니다.

---

75 참조: Miles, R.E., and C. Snow, *Organizational Strategy, Structure and Process*, New York, McGraw Hill, 1978

소음 조직에서 가장 두드러지고 활발한 조직 활동이나 프로세스를 꼽으라면 아마도 **분석**(*analysis*)과 **의사결정**(*decision-making*)이 될 것입니다. 정교한 정보수집과 분석 체계가 구축되어 있고, 이에 기반한 체계적이고 분석적 의사결정이 이루어지는 조직이라는 것이지요.

그래서 이런 소음 조직에서 경계해야 할 것은 조직이 지나치게 많은 분석과 정보에 시달리며 이 분석과 정보가 오히려 조직의 열정을 죽이게 되는 경우입니다. 이것저것 저울질하고 따지는 것이 많다 보니까 어느 것에도 과감히 결단하고 돌진하지 못하는, 소위 소심하고 굼뜨고 우유부단한 조직이 되겠지요. 아마도 가장 대표적인 경우가 흔히 **공룡**으로 표현되는 대기업 조직이 될 수 있겠습니다.

4) 소양 조직

소양 조직은 소음 조직과 반대로 화大수小 조직입니다. **열정**(火)은 많은데 **정보**(水)는 적은 조직이지요. 앞의 Miles와 Snow의 조직형태를 빌리자면 진취적이고 도전적인 *Prospector* 형태로 이해할 수 있겠습니다. 이런 조직은 항상 새로운 시장 개척과 제품개발에 도전하며, 남들보다 앞서 이를 시도하는 *First Mover*들입니다.

　소양 조직은 **열정**의 관점에서 본다면 구성원의 동기부여가 확실하고, 조직몰입과 직무만족이 높은 조직입니다. 또한 조직을 어느 방향으로 이끌어가겠다는 확실한 비전과 전략적 의도가 제시되고, 이를 촉발시키고 추진하는 강한 리더십이 작동하고 있는 조직입니다.

　소양 조직에서 문제가 되는 것은 **열정**이 **정보**에 의해 적절히 지원되고 제어되지 못하는 경우입니다. 정보의 뒷받침 없이 오직 열정만으로 돌진하게 되며, 그래서 많은 실패와 좌절을 경험하게 되는 조직을 연상할 수 있겠습니다. 가장 대표적인 경우가 벤처기업이나 start-up 기업들이 되겠습니다.

5) 조직체질의 진단과 처방

　이상 조직체질의 4가지 경우를 살펴보았는데, 정작 조직체질 관점에서 가장 궁금한 부분은 조직 이상현상을 다루는 방법일 것입니다.

　일반적으로 전통 한의학에서 질병을 다루는 방식은 그 사람이 보이는 이상징후에서 출발하는 것입니다. 이상징후 자체를 찾고, 그것을 오행 상생·상극 원리를 적용하여 다스리는 것으로서, 이러한 전통 한의학 방식을 체질 관점에서 질병을 치료하는 체질의학과 구별하여 징후의학이라고 부른다고 했습니다. 앞에서 살펴본 보사법칙이 그 대표적 처방과 치료의 틀이라 하겠지요.

반면 체질의학은 조금 다릅니다. 체질의학적 관점에 따르자면, 진단과 처방이 이루어지는 차원은 **체질**이라는 차원입니다. 이것은 이상징후를 그 자체로 개별적으로 찾고 다루는 것이 아니라, 이것을 체질이라는 범주에 넣고 그 범주 자체를 다룬다는 의미입니다. 그래서 체질의학에서는 **체질**의 진단이 전체 치료에 있어서 가장 중요한 관건이 됩니다. 아울러 체질이 제대로 진단되면 체질별로 내리는 처방은 상당 부분 선험적 사전적으로 이미 정해져 있다고 할 수 있겠습니다.

조직체질의 개념을 검토한 이상 조직현상에 있어서도 이러한 체질의학적 논리를 적용할 수 있는지를 물어야 하겠습니다. 그리고 만약 그렇다면 조직 이상현상의 진단과 처방 또한 이 **조직체질**을 기본 단위로 해서 이루어져야 하겠습니다.

그런데 이처럼 조직체질 관점에서 조직 이상현상을 다루고자한다면 선행되어야 하는 조건들이 많습니다. 먼저 조직체질별로 나타나게 되는 이상징후의 종류와 내용을 미리 파악해 두어야 합니다. 그리고 어떤 조직이 그 이상징후에 비추어 어느 체질에 속하는지를 진단할 수 있는 방법이 제시되어야 하며, 동시에 체질의 관점에서 조직 이상징후를 다스려서 그 조직의 체질적 균형을 회복시키는 치료의 대안들을 처방할 수 있어야 합니다.

이렇게 본다면 결국 조직체질 이론의 핵심은 조직현상을 또 다른 컨텍스트(context) 안에 위치시키는 문제라 하겠습니다. 무슨 말이냐 하면, 어떤 이상징후를 그 자체로만 다루는 것이 아니라 오행 상생·상극 관계구조라는 컨텍스트 안에 놓고, 이러한 관계구조에서 비롯된 다양하고 새로운 처방들을 찾는 것이 소위 오행적 원리의 핵심인데, 이제 체질의 개념은 여기서 한 발짝 더 나아간다는 것입니다.

바꾸어 말하면 이상징후를 체질이라는 또 다른 컨텍스트 안에 위치시키고, 같은 이상징후라 하더라도 체질에 따라서 처방이 달라질 수 있음을 주장하는 것이지요. 이렇게 본다면 체질을 앞서 언급한 소위 場(Field)의 개념으로 해석하는 것도 가능하다고 하겠습니다만, 이것은 앞으로 다루어야 할 숙제로 남겨두겠습니다.

어쨌든 체질에 따른 조직 이상징후 진단과 처방은 결국 한편으로는 **체질**이라는 컨텍스트, 다른 한편으로는 오행 **상생·상극**이라는 컨텍스트가 상호 교차 중첩되는 그 중간지점에서 이루어지는 작업이 되겠습니다.

이러한 새로운 컨텍스트로서의 체질은 뒤이어 나오는 관계의 형식으로서의 체질 개념으로 자연스럽게 연결되는데, 우선 이러한 조직체질을 바꿀 수 있는가라는 문제부터 짚어 보겠습니다.

6) 조직체질을 바꿀 수 있는가
– 조직체질의 순환 유행 대대 문제

조직체질에 대한 논의를 마무리짓기 전에 조직체질은 바뀌는가 혹은 조직체질을 바꿀 수 있는가라는 질문을 던져 볼 필요가 있습니다.

사상의학은 신체적 체질은 선천적으로 타고나는 것이며 쉽게 바꿀 수 없다고 설명하고 있습니다. 물론 조직체질에서 이러한 신체적 유비를 지나치게 고집하는 것은 문제가 되겠지만, 반대로 조직체질이 예컨대 하루아침에 태음에서 소양으로 바뀐다는 것 또한 기대하기 어렵다고 할 수 있겠습니다. 그래서 조직의 체질은 전략, 제도, 문화 등 조직 전반에 내재화 프로그램화되어 있는 조직의 고유한 작동방식, 쉽게 바뀌지 않는 어떤 **성향**을 나타내는 것으로 일단 생각할 수 있겠습니다.

그러나 전혀 다른 관점에서 이 문제를 접근할 수도 있습니다. 체질 이론의 토대가 되는 四象 개념을 해석하는 관점에 따라서 달라질 수 있다는 것입니다. 사상(四象)은 말 그대로 상(象)입니다. 네 가지 모습 혹은 형상입니다. 그렇지만 사상(四象)이 상(象)이라고 해서 반드시 정태적 개념만은 아닙니다. 예를 들어서 계절을 놓고 보면, 봄은 태양에 해당하고, 여름은 소양, 가을은 태음, 겨울은 소음에 해당합니다. 그래서 봄(태양)→여름(소양)→가을(태음)→겨울(소음)의 사시사철을 되풀이하는 것이 사상(四象) 관점에서 보는 자연입니다.

그래서 思想은 근본적으로 양이 다하면 음이 되고 음이 차면 양이 되는, 변화와 유행과 대대의 사상이라 할 수 있습니다. 그리고 이러한 사상(四象) 관점에서 본다면, 사상에 기반한 조직 체질 역시 이런 변화와 유행과 대대의 관점에서 해석할 수 있습니다. 체질은 고정된 것이 아니라 순환 유행 대대한다는 것입니다.[76]

조직체질에 있어서 이러한 순환 유행 대대의 관점은 상당한

---

76 사상(四象)과 오행(五行)은 이처럼 음양의 순환과 유행, 대대와 전이라는 소위 우주론적 큰 틀 안에서 서로 연결되어 있습니다. 물론 세상 만물을 설명하는 데 있어서 각자 맡은 역할과 취하는 시각은 조금씩 다릅니다만, 서로 보완하고 경쟁하면서 동양적 우주론을 형성하는 개념체계들이라 하겠습니다.

설득력을 가집니다. 앞서 살펴본 대로 태음과 태양, 소음과 소양이 각기 **전략**과 **제도**, **정보**와 **열정**, 두 개념쌍의 대비로 이루어지는데, 이들이 동전의 양면처럼 혹은 거울 속의 이미지처럼 서로 맞물려서 움직이는 관계로 보이기 때문입니다. 무슨 이야기냐 하면, 예컨대 태음과 태양은 각각 **전략**에서 **제도**로, 또 **제도**에서 **전략**으로 움직이는 조직인데, 이러한 움직임은 陰이 차면 陽이 나타나고 陽이 차면 陰이 나타나는 陰陽의 대대에서처럼, 한 방향으로의 움직임이 지나치면 그 반대 방향으로의 움직임이 일어나 이를 돌이키게 하는 관계란 것이지요. 이것은 바꾸어 말하면 어떤 조직이든 한 체질에 영원히 머무는 것이 아니며, 서로간에 끊임없는 순환, 유행, 대대가 이루어지는 것이 조직체질의 본질이라는 것입니다.

결국 정리하면 조직체질은 조직이 가진 고정불변의 속성의 관점에서 보기보다는 이러한 음양의 순환, 유행, 대대의 과정에서 나타나는 조직 변화의 패턴을 포착한 개념으로 볼 수 있겠습니다.

7) 오행 관계형식으로서의 조직체질
– 우리 사유의 종착역

조직체질을 이처럼 조직이 가진 고정불변의 속성이 아니라 조직 변화의 패턴으로 인식한다는 것은 매우 중요한 의미를 가집니다. 그것은 바로 우리가 이미 여러 차례 회귀하게 되는 주제인, 조직체질이 소위 **실체론적** 개념이 아니라는 자각입니다.

우리는 오행에 대한 논의를 가장 먼저 이 실체론적 존재론을 부인하면서 시작했던 것을 기억하시지요. 그래서 체질에 대한 논의에서 우리는 항상 그것이 가진 존재론적 함정, 곧 우리를 다시 **실체론**으로 회귀시키게 하지 않도록 주의해야 하는데, 이러한 조직 변화 패턴으로서의 조직체질 논의가 이를 뒷받침해 주고 있다는 것이지요. 되풀이하지만 체질은 조직이 하나의 실체로서 가진 속성이 아니라는 것입니다.

이처럼 체질이 조직의 실체론적 속성이 아니라면 그것은 과연 무엇인가라는 질문이 나오게 되는데, 그랬을 때 체질은 소위 '**창발적**(emergent)으로 드러나는 **관계의 형식이다**'라는 표현으로 대답할 수 있지 않을까 싶습니다.

사실 우리로 하여금 처음 오행에 주목하게 한 것은 오행 상생·상극이라는 독특한 관계의 형식이었습니다. 5개의 오행 원소가 서로 상생과 상극의 관계로 맞물리면서 만들어내는 이 다중적 중첩적 상호관계 형식은 완벽한 내적 일관성을 가진, 그래서 미학적으로 완벽하게 아름다운 현상의 설명체계로 우리에게 다가왔음을 기억합니다. 그러나 이러한 관계의 형식에서 출발한 우리의 사유는 존재의 본질이란 보다 근원적 문제에 부닥치지 않을 수 없었지요. 그 존재의 본질에 대한 고민과 사유의 흔적을 동무의 사상체질 이론에서 발견하면서 놀라기도 했고요. 그런데 이제 그 체질이란 개념이 다시 다름 아닌 **관계의 형식**이라는 개념으로 회귀된다는 것입니다.

이러한 자각은 우리의 오행 사유가 거쳐 온 제법 긴 지적탐사의 여정을 마무리짓는 데 나쁘지 않은 종착역인 것 같습니다. 결국 관계의 형식에서 출발하여 다시 관계의 형식으로 돌아온 셈이 되는 것이니까요.

조직 모행경영론
정립을 향한 모색

7

1. 조직 오행경영론 정립을 위해 해결해야 할 문제들

2. 존재론 – 오행의 개념과 존재론적 전환

3. 인식론 – 오행과 조직현상의 설명

4. 방법론 – 조직 오행경영론 정립을 위한 방법론 과제

오행은 조직현상을 이해하고 설명하는 새로운 사유체계입니다. 기와 음양, 오행, 그리고 상생·상극이라는 독특한 존재론적 인식론적 틀을 통해 기존 서구 조직이론이 포착하지 못하는 현상의 조화와 질서를 포착해 냅니다. 또한 체질과 오행 상생·상극 원리를 기반으로 조직현상에 대한 현실적 진단과 처방의 틀을 제시한다는 점에서 실천적 방법론으로서도 작용합니다.

이처럼 오행은 그 자체로서 하나의 완벽하게 아름다운 사유체계를 이루고 있지만, 이것을 조직이라는 특정 현상영역에 적용한다는 것이 생각만큼 간단치는 않습니다. 풀어야 할 많은 존재론적 인식론적 방법론적 문제가 기다리고 있는 것이지요.

앞에서 우리는 오행과 조직현상이라는 두 개념공간을 놓고 그 **상동성**을 주로 직관에 의존해서 찾아보고자 했고, 그 결과로 비록 완전하지는 않지만 '조직오행'이라는 하나의 사유체계가 모습을 드러냈습니다. 그러나 돌이켜보면 우리의 작업은 일차적으로는 이러한 오행 사유체계 이식이 과연 가능한가를 모색하는 데 초점을 맞춘 매우 탐색적 시도였다고 하지 않을 수 없습니다. 사실 우리의 오행 논의는 오행을 전공하는 동양철학자나 한의학자의 눈으로 보면 매우 단순하고 유치한 논의로 비쳐질 수도 있겠습니다. 조직현상을 다루는 조직학자들 쪽에서 봤을 때도 마찬가지이겠고요. 물론 이런 단순함(naiveté)에 약간은 의도적인 측면이 없지 않은 것이, 우리 논의 자체가 일반적으로 극복하기 어렵다고 생각되던 현상영역간 경계(incommensurability)를 가로질러서 오행이 조직현상에 유관(relevance)하다는 것을 우리 스스로 확인하는 것이 주된 목적이었고, 엄밀성(rigor)은 그 다음 문제라고 생각했으니까요. 그러나 어쨌든 이러한 우리의 탐색 과정에서 많은 문제가 노정된 것은 분명합니다.

본 장에서는 이처럼 오행을 조직현상에 적용하는 데 있어서 해결해야 하는 제반 문제들을 살펴보기로 하겠습니다. 이것은 오행을 단순한 추상적 개념적 차원의 논의가 아니라 현실적 실천적 경영론으로 전개하기 위한 기초 작업이며, 더 나아가서 동양적 경영학 정립을 위해서 경영학계가 하나의 커뮤니티로 함께 씨름하며 풀어가자는 제안이고 초대입니다.

1. 조직 오행경영론 정립을 위해 해결해야 할 문제들

오행을 경영론으로 정립하는 데 있어서 대두되는 문제는 크게 세 범주로 나누어 생각해 볼 수 있습니다. **존재론**적 *(ontological)* 문제, **인식론**적*(epistemological)* 문제, **방법론**적 *(methodological)* 문제가 그것입니다.

존재론적 문제는 오행의 존재론과 조직의 존재론을 연결시키는 문제이고, 대표적인 것이 오행의 기와 음양과 목−화−토−금−수 오행 요소에 해당하는 조직의 意味體를 찾는 오행 배속 문제입니다. 앞에서 우리는 직관에 의존하여 단순하게 오행 배속을 마무리지었습니다만, 실제 여기에는 짚어야 할 많은 문제들이 기다리고 있습니다.

인식론적 문제는 존재론적 요소들이 어떻게 상호작용하는가를 이해하고 설명하는 문제라 할 수 있겠고, 우리의 논의로 치자면 오행 상생·상극 관계와 체질이론의 원리를 해석하고 적용하는 문제가 되겠습니다.

방법론적 문제는 오행 존재론적 인식론적 원리를 실제 조직에 적용하는 데 있어서 생기는 문제인데, 앞에서 살펴본 체질의학이나 보사법칙과 같은 진단과 처방 원리를 실천적 경영 원칙과 이론, 방법과 절차로 이론화 실제화하는 것이 이에 해당하겠으며, 현실적으로 가장 많은 어려움이 기다리고 있는 문제 영역이라 하겠습니다.

이제 이 세 문제 영역을 놓고 각 영역에 있어서 조직 오행경영론 정립을 위해 해결해야 할 과제들을 살펴보겠습니다. 총 10개의 과제가 나오는데, 2개의 존재론적 과제, 3개의 인식론적 과제, 그리고 5개의 방법론적 과제가 그것입니다.

2. 존재론 – 오행의 개념과 존재론적 전환

오행은 현상을 보는 독특한 관(觀)이고 이 관의 출발이 존재론입니다. 현상이 무엇으로 이루어져 있는가, 그 현상을 이루는 존재의 의미와 본질이 무엇인가 등을 묻는 것이지요. 현재 오행경영론 정립에 있어서 해결을 요하는 존재론적 과제는 2가지입니다.

正

존재론적 과제 1:
조직현상의 본질은 무엇인가
- 실체에서 과정과 변화로 -

　오행경영론 정립에 있어서 가장 일차적이고 근본적으로 대두되는 과제는 실체론에서 비(非)실체론으로의 존재론적 전환입니다. 지금껏 우리 존재론의 바탕이 되었던 실체의 개념에서 스스로를 해방시키는 문제인데, 이것은 쉽지 않은 작업입니다. 앞서 체질에 대한 논의를 하면서도 인정했듯이, 우리는 기회가 있을 때마다 이러한 실체론적 사유로 회귀하려는 성향이 있음을 부인할 수 없는 것이지요. 그렇지만 다른 한편으로는 이러한 존재론적 전환에 기반하지 않은 오행 사유체계는 성립할 수 없음을 또한 지금껏 오행적 사유를 전개하는 과정에서 여러 차례 확인한 바 있습니다.

　오행적 존재론은 알다시피 **변화**와 **과정**의 존재론입니다. 어떤 현상요소도 하나의 고정된 실체로 머물지 않으며 끊임없이 움직이고 변화한다는 것이고, 그래서 우리가 포착하는 현상이란 그러한 변화과정의 어느 한 순간에 지나지 않는다는 것이 오행이 선포하는 존재론입니다. 결국 오행경영론은 이런 변화와 과정의 관점에서 조직현상을 읽기로 **작정**하고 그렇게 **선언**하는 데서 출발한다고 하겠습니다. 세상을 보는 觀은 누군가에 의해

강요되는 것이 아니라 스스로 선택하는 것이고 그 선택을 명시적으로 선언하는 것이니까요.

> ### 존재론적 과제 2:
> ### 조직현상에서 오행은 무엇인가
> – 조직현상의 오행 意味體 찾기 –

존재론적으로 대두되는 두 번째 과제는 오행 목−화−토−금−수에 해당하는 조직 意味體를 찾는 문제입니다. 다름 아닌 오행 배속 문제인데, 여기서 주의할 것은 이것이 **발견**이라기보다는 **설정**의 문제일 것이라는 점입니다. 무슨 말이냐 하면, 조직의 오행이 선험적으로 고정되어 있어서 현상에서 이들을 **찾아내는** 문제가 아니라 현상을 오행으로 **세우는** 문제, 다시 말해서 조직의 이러저러한 현상을 오행의 틀로 보겠다는 선택과 선언의 문제라는 것이지요. 조직현상에 오행이란 옷을 입히는 문제라고도 하겠고요.

이처럼 오행 배속이 발견이 아닌 설정의 문제라는 지적은 우리가 앞서 조직오행 배속에서 수행한 **의미의 상호 용해** 작업에서 매우 잘 드러난다고 하겠습니다. 예컨대 조직의 木氣로 **전략**을 세우면서 전략이 가진 원래의 의미에 기대기도 하지만, 반면에 그 전략을 木氣의 바다에 풀어주고, 그래서 木氣를 단순

히 전략이 가진 기존의 고착된 의미에만 묶어 둘 수는 없음을
또한 인정했다는 것이지요.

그래서 조직의 오행 찾기는 일회성으로 끝나는 것이 아니라
끊임없이 계속되어야 하는 작업이라 하겠습니다. 우리는 이 책
에서 전략-열정-문화-제도-정보라는 특정 意味體 群을 대
상으로 우리의 사유를 전개했습니다만, 오행적 관계형식에 부
합하는 또 다른 조직 意味體 群이 분명 있을 수 있을 것입니
다. 그래서 이러한 意味體 群을 찾는 노력은 여러 학자들에 의
해서 동시다발적으로 이루어져야 할 것으로 보입니다. 우리가
시도한 것처럼 직관에 의지해서 어떤 意味體 群을 선험적으로
설정하고, 그것의 오행 됨을 상생·상극 관계 관점에서 내용적
(semantically)으로 검증해 나가는 노력 말입니다.

그래서 이러한 조직오행 찾기는 결국 창조적 **상상력**의 싸움이
라 하겠습니다. 먼저 우리의 상상 속에서 하나의 아름다운 개
념체계를 구축하고 현실에서 그 흔적을 찾고 확인하는 작업 말
이지요. 이것은 소위 탐사라기보다는 창작에 가까운, 일종의
스토리-텔링 작업이고, 그런 점에서 Murray Gel-Mann을
비롯한 현대 물리학자들이 물질의 궁극적 구성요소를 찾는 과
정에서 보여주는 그 기발한 상상력, 그 *Beautiful Mind*들을 떠

올리게 하는 작업입니다. 말이 나왔으니까 말인데, 현대 물리학의 **학문**하는 방식에서 배울 점이 많은데, 이것은 뒤에 오행의 유관성과 엄밀성을 다루면서 살피도록 하겠습니다.

3. 인식론 – 오행과 조직현상의 설명

오행의 존재론적 전환은 인식론적 과제로 이어집니다. 인식론이란 현상 요소들이 어떻게 기능하고 상호작용하여 이런 현상을 빚어내는가, 곧 현상의 설명과 이해의 문제인데, 오행에 있어서 이러한 현상 설명과 이해는 **상생·상극**과 **체질**이란 두 명제로 정리할 수 있습니다.

> 인식론적 과제 3:
> **조직현상은 어떤 원리로 움직이는가**
> – 오행 상생·상극 원리 규명 –

오행 상생·상극은 오행 사유체계를 출발시키는 가장 근본이 되는 인식론적 명제입니다. 오행의 다섯 요소가 상생과 상극의 관계로 중첩되면서 만들어내는 복잡 다양한 현상의 모습들은 우리가 종래 가졌던 현상 설명과 이해의 차원을 훌쩍 뛰어넘어 새로운 인식의 경지를 열어줍니다.

상생·상극이 이처럼 중요한 인식론적 명제일진대, 우리가 일 차적으로 해결해야 할 과제는 이러한 상생·상극의 의미를 분명 히 하는 것입니다. 앞에서도 살펴보았듯이 상생·상극은 形과 神의 형성 관점에서 해석하기도 하고, 본성과 극성 관점에서 설명할 수도 있겠지만, 어쨌든 그것이 의미하는 바가 무엇인지 는 아직 확실히 논증되지 않고 있습니다. 따라서 모두가 합의 하는 상생·상극의 의미를 설정하는 것이 조직오행의 인식론적 뼈대를 갖추는 데 있어서 절대적으로 필요한 작업이라 하겠습 니다. 이러한 작업을 시작하는 출발점으로 비교적 높은 가능성 을 보이는 것이 소위 장(場: Field)이론인데, 지금으로서는 이를 언급하는 정도에서 멈출 수밖에 없겠습니다.

> 인식론적 과제 4:
> ## 조직은 고유한 성향과 속성을 가지고 있는가
> − 조직체질의 식별 −

인식론적으로 대두되는 두 번째 문제는 조직체질의 문제입니 다. 앞에서 지적했듯이 조직체질은 조직의 실체론적 속성이라

기보다는 조직이 작동하는 방식과 성향을 나타내는 개념임을
먼저 상기하고 출발해야 하겠습니다.

조직체질과 관련하여 고민해야 하는 문제는 체질이 조직현상
의 설명과 이해에 얼마나 필요하고 유용한 개념인가를 결정하
는 문제입니다. 사실 체질 이론은 이를 가장 충실히 실천하는
한의학에서조차 논란이 적지 않은 이론이지요. 특히 동무가 제
시한 사상체질 개념은 그 독특한 오행 배속 때문에 그 해석과
적용에 있어서 많은 어려움이 있으며, 우리는 앞에서 이러한
어려움을 경험한 바 있습니다. 그래서 체질의 개념을 어느 범
위까지 조직이란 현상에 적용할 것이며, 이것이 조직현상의 설
명과 이해에 얼마나 필요하고 유용한가를 결정하는 것이 우리
의 과제입니다. 당연히 이러한 결정은 뒤에 나오는 대로 조직
체질에 대한 실증적 관찰을 통해서 나와야 하겠습니다.

> 인식론적 과제 5:
> ## 오행은 존재론과 인식론으로 성립하는가
> – 오행의 조직현상 유관성과 엄밀성 –

인식론적으로 던지게 되는 마지막, 그리고 아마도 가장 근본
적 질문은 오행은 과연 조직현상의 존재론과 인식론으로 성립
하는가라는 질문입니다. 이것은 조직현상을 이해하고 설명하는

데 있어서 오행이 하나의 사유체계로서 **유관성**(relevance)과 **엄밀성**(rigor)을 가지는가, 그것이 우리가 인정하고 수용할 수 있는 유관성과 엄밀성인가를 묻는 것이고, 이 질문에 답할 수 있어야 비로소 우리의 조직오행 사유가 어떤 **정당성**을 부여받고 출발한다고 하겠습니다.

우리는 앞에서 오행과 조직현상이라는 두 개념공간의 **상동성**을 주로 직관에 의존해서 찾았고, 그 결과로 '조직오행'이라는 하나의 표현체계가 모습을 드러냈는데, 이러한 우리 작업의 바닥에 깔려 있는 大전제가 있습니다. 그것은 한 현상영역을 설명하기 위해 구축된 개념체계가 현상영역간 경계를 가로질러서 다른 현상영역으로 전이될 수 있다는, 소위 현상영역들 사이에 존재하는 단절과 괴리(Incommensurability)를 극복할 수 있다는 전제입니다.

우리로 하여금 이러한 현상영역간 경계를 뛰어넘을 수 있다는 희망을 준 것이 최근 자연과학과 사회과학 사이에 이루어지고 있는 교감입니다. 그래서 오행의 조직현상 유관성과 엄밀성이란 문제를 **과학간 상호 전이와 교류**란 관점에서 고찰해 보는 것이 의미가 있겠습니다.

자연과학과 사회과학은 어떤 현상을 대상으로 하는가에 따라서 나누어지는 학문적 구분입니다. 곧 자연현상을 탐구하면 자연과학이고 사회현상을 탐구하면 사회과학인데, 이와 관련해서 항상 제기되어 온 질문이 두 과학이 서로 교통 가능한가(commensurable)란 질문입니다. 한 과학을 하는 방식이 다른 과학에 적용될 수 있는가, 또 한 과학에서 나온 결과가 다른 과학을 하는 데 유관한 의미를 가지는가라는 것이지요.

그런데 일단 **정확성**(*exactness*)이란 관점에서 보면 두 과학은 이런 교통의 가능성이 별로 없어 보입니다. 일반적으로 우리는 **자연과학**은 매우 정확한 과학(an exact science)일 것이란 기대를 가집니다. 정확하다는 것은 다르게 표현하면 결정론적이라 하겠는데, 현상의 전개가 변덕스럽지 않고, 그 과정이 정해진 법칙을 따라 이루어지며, 그래서 정확한 결과를 계산해 낼 수 있는, 소위 연역적 설명과 예측이 가능하다는 기대를 가지게 한다는 것이지요. 반면 **사회과학**에 있어서 우리는 이런 정확성에 대한 기대를 상당 부분 포기하는 경향이 있습니다. 사회과학이란 인간의 변덕스러운 의지가 개입되는, 그래서 모호하고 불확실하며 상황에 따라 답이 달라질 수밖에 없는 과학으로 여겨진다는 것이지요. 그래서 이런 사회과학을 우리는 상황이론(Contingency Theory)으로 부르기도 하고, 혹은 Herbert Simon이 고심 끝에 제안한 것처럼 환경에의 적응에 초점을 맞춘 인공과학(The Sciences of the Artificial)이라 부르기도 합니다.

어쨌든 이처럼 정확성이란 관점에서만 보면 자연과학과 사회과학의 간격은 메울 수 없을 만큼 멀어 보입니다. 그렇지만 이러한 간격을 좁히기 위한 노력 또한 그동안 치열하게 전개되었는데, 주목할 것은 이 노력이 주로 사회과학 쪽에서 이루어졌다는 사실입니다. 다시 말해서, 사회과학은 자연과학처럼 엄밀하고 정확해지려고 노력했다는 것이지요. 그것이 과학으로서의 자존을 인정받는 유일한 길이라 여겼으며, 그래서 지금 우리가 가진 사회과학은 어떻게 보면 이러한 **자연과학화**의 역사, 이를 향한 필사적 노력의 산물이라고 해도 과언이 아니겠습니다. 물론 그 결과 상당한 진전도 있었고요.

그런데 이런 와중에 전혀 예상치 못했던 상황이 자연과학 쪽에서 일어났습니다. 그것은 엄밀성과 정확성을 자랑하던 자연과학이 오히려 이런 엄밀성과 정확성을 스스로 포기하는 사태가 일어난 것입니다. 바로 양자역학 등에서 제기된 불확정성 원리, 그것이 보여주는 확률적이고 주관적으로밖에 관찰되지 않는 현상 등인데, 이것은 자연과학으로 하여금 자연현상이 일반적 인식과는 달리 사회현상 못지않게 변덕스러운 현상일 수 있음을 깨닫게 하고 있습니다. 자연과학이 더 이상 엄밀하고 정확한 과학일 수 없게 된 것이지요.

어쨌든 이러한 상황은 이제는 두 과학간 거리가 과거 우리가 생각했던 것처럼 그렇게 멀지 않음을 보여줍니다. 그리고 이 거리는 사회과학이 자연과학 쪽으로 다가가서라기보다는 자연과학이 사회과학 쪽으로 다가와서 좁혀진 것, 다시 말해서 사회과학이 보다 엄밀하고 정확해져서가 아니라, 자연과학이 오히려 이런 엄밀성과 정확성을 포기해서 좁혀진 것이라 하겠습니다.

이처럼 자연과학과 사회과학의 관계를 길게 이야기하는 이유는 두 과학의 상호 전이와 교통을 보면서 우리가 오행적 사유를 전개하는 데 있어서 어떤 자신감을 얻을 수 있기 때문입니다. 무엇보다 오행과 조직현상의 간격이 두 과학 사이의 간격과 마찬가지로 그렇게 멀지 않을 수 있다는 기대를 갖게 합니다. 오행의 조직 **유관성**에 대한 **간접적** 확인이라고 할까요.

또한 오행의 **엄밀성**과 관련해서도 어떤 자신을 얻습니다. 우리는 오행적 사유가 조직현상을 설명하는 개념체계로서 충분한 정확성과 엄밀성을 가지고 있는가로 고민하지만, 돌이켜보면 자연과학이 정확성과 엄밀성 대신에 선택한 과학의 방식이 바로 **상상력**, 다분히 인문학적이라고밖에 표현할 수 없는 창조적 상상력입니다. 앞에서 언급한 대로 현대물리학, 특히 양자역학은 바로 이러한 창조적 상상력의 화려한 경연장이 되고 있고요. 그래서 정작 우리가 고민하는 엄밀성이 오행적 사유에 있어서 크게 문제가 안 될 수도 있겠다는 생각을 하게 됩니다. 중요한 것은 엄밀성 이전에 현상에 대한 창조적 상상력이고, 우리에게 지금 부족한 것도 엄밀성이 아니라 오히려 이런 창조적 상상력일 수 있다는 것이지요.

물론 이러한 시사점들이 오행의 유관성과 엄밀성을 높이기 위한 우리의 노력이 필요 없다는 말은 결코 아니라는 사족은 달 필요가 없겠습니다.

4. 방법론 – 조직 오행경영론 정립을 위한 방법론 과제

오행경영론 정립을 위해서 마지막으로 다루어야 하는 과제는 방법론 과제들입니다. 오행의 관점에서 조직을 진단하고 처방하는 원칙과 이론, 방법과 절차를 구체적으로 제시할 수 있어야 한다는 것이지요. 앞서 오행의 존재론적 인식론적 문제가 **철학적**으로 풀어야 할 과제였다고 한다면, 이처럼 오행을 실천적 방법론으로 정립하는 문제는 **경영학** 쪽에서 풀어야 할 과제라고 하겠습니다.

경영 방법론은 일반적으로 진단과 처방을 통한 **문제해결** *(problem solving)* 관점에서 접근합니다. 현상을 진단하여 문제를 식별하고 문제를 해결할 수 있는 방안을 처방하는 것입니다. 이러한 진단과 처방은 당연히 오행이 가진 존재론과 인식론의 바탕 위에서 이루어지게 됩니다. 이제 오행경영 방법론이 갖추어야 할 주요 내용들을 살펴보겠습니다.

> 방법론 과제 6:
> **조직의 오행 意味體를 어떻게 관찰하고 측정할 것인가**
> – 조직오행 요소의 측정도구 개발 –

방법론 관점에서 가장 일차적으로 제기되는 문제는 관찰과 측정의 문제입니다. 존재론적 관점에서 조직의 목-화-토-금-수에 해당하는 조직 意味體를 설정하게 되면, 이것을 실제 조직현상에서 관찰 측정 가능한 형태로 정의하고 조작화하는 문제가 대두되는 것이지요.

이러한 조직오행의 관찰과 측정은 먼저 앞에서 누차 강조한 대로 오행이란 개념을 실체가 아닌 **변화**와 **성향**의 관점에서 해석하는 데서 출발해야 하겠습니다. 그리고 이것이 오행 관찰과 측정을 매우 난해한 작업으로 만들고 있습니다. 어떤 고정된 실체를 관찰 측정하는 것과 가변적 동태적 성향을 관찰 측정하는 것은 전혀 다른 차원의 문제니까요.

어쨌든 우리의 조직오행, 곧 전략-열정-문화-제도-정보가 가진 오행 氣를 관찰하고 측정하는 것이 문제인데, 이것이 우리가 가진 기존 조직 측정도구를 통해서 이루어질 수 있는가를 먼저 짚어 볼 필요가 있습니다.

그동안 경영과 조직이론 분야에서 우리는 많은 측정도구를 개발해 왔습니다. 그런데 물론 앞으로 확인해야 할 사항이긴 합니다만, 현재로서는 이러한 기존 측정도구에서 우리가 취할 수 있는 것은 별반 없지 않을까 예상하게 됩니다. 다시 말해서 조직오행의 관찰 측정도구는 기존 측정도구와는 별개로 전혀 새로운 관점에서 새롭게 개발되어야 할 공산이 클 것으로 보입니다.

이렇게 조직오행의 관찰 측정도구를 새롭게 개발한다고 했을 때, 사실 막막한 작업이긴 합니다만 한 가지 방향타는 있습니다. 그것은 오행의 사유체계를 적용하고자 시도한 다른 분야를 살펴보는 것인데, 그 대표적 경우는 역시 한의학이 되겠습니다. 한의학에서 인체의 오행 氣를 관찰 측정하는 방법을 보면서 어떤 시사점을 얻을 수 있다는 것이지요.

한의학에서 오행 氣를 조작화하는 방법은 앞서 살펴본 대로 이것을 특정 장기에 배속시켜 그 장기의 기능으로 오행의 氣를 관찰 측정하는 것입니다.

예를 들어 인체의 木氣는 간(肝)이라는 장기의 기능에 **표상**되어 있다는 것인데, 여기서 주목할 것은 이것이 소위 **합의**의 문제라는 것입니다. 다시 말해서 木氣와 간(肝)의 관계는 실제 그렇기 이전에 일단 그렇게 보기로 하자는 한의학 커뮤니티 내의 약속에 가깝다는 것입니다. 물론 이러한 합의는 임상의 결과가 이에 반하지 않는 한 유지되는 것이고요. 그래서 뒤에 나오겠지만 이것은 임상과학으로서의 체계를 갖추는 문제와 맞물려 있습니다.

어쨌든 그렇다면 관찰과 측정의 문제를 조직오행에 있어서도 같은 방식으로 접근할 수 있지 않을까 싶습니다. 예컨대 조직의 木氣를 **전략**이라는 意味體에 배속시켰다면, 이러한 木氣의 성향이 가장 두드러지게 드러나는 전략 활동 영역이나 조직

단위를 서로 **합의**하고, 그러한 활동 영역이나 조직 단위에 대한 지속적 관찰과 측정을 통해 조직의 木氣를 포착하는 것입니다. 이것은 한 마디로 관찰과 측정의 문제를 측정도구 개발이라는 기술적 문제가 아니라, 커뮤니티 합의 도출이라는 사회적 문제로 그 성격을 바꾸어 버리는 것인데, 氣라는 추상적 요소를 조작화하는 데 따르는 애로를 비껴가는 한 가지 방법이 될 수는 있겠습니다.

아무튼 그 방법이 어떠하든 간에 조직오행 意味體의 측정도구 개발은 방법론적으로 가장 일차적으로 해결해야 할 과제입니다.

> **방법론 과제 7:**
> **조직현상을 오행적 관점에서 어떻게 표현할 것인가**
> – 조직의 오행적 표현체계 구축 –

조직오행 意味體의 측정도구가 개발되면 다음으로 해결해야 할 문제는 조직현상의 오행적 **표현체계**, 소위 *representation system*을 구축하는 일입니다. 표현해야 하는 조직현상의 내용과 영역, 그 표현의 형식과 구조 등을 하나의 체계적이고 정형화된 표현 틀로 구조화하는 문제가 되겠습니다.

우리는 앞에서 조직현상에 대한 오행적 고찰은 다양한 차원에서 복합적으로 이루어져야 하는 것을 보았고, 이것을 관계적, 맥락적, 통합적 고찰이라고 부른 바 있습니다. 예를 들어 木을 기준으로 본다면 조직현상의 표현은 적어도 아래 세 차원의 고찰이 종합되어 이루어져야 한다는 것이지요.

① 木의 고유한 성질과 상생·상극을 이루는 관수모자 각 관계에서 나타나는 관계적 성질에 대한 고찰

② 木을 기준으로 한 관수모자 관계 전체에 대한 맥락적 고찰

③ 조직오행의 목-화-토-금-수 전체 관계 세트에 대한 통합적 고찰 등

그래서 조직현상 표현체계 구축은 단순히 조직오행 요소 하나하나의 기술(description)에 그치는 문제가 아님을 전제하고 출발해야 하겠습니다.

표현체계 자체의 의미를 짚어 보자면, 어떤 표현체계든 그것은 현상을 이해하고 설명하고자 하는 목적으로 구축되는 하나의 개념공간입니다. 현상을 구성한다고 생각되는 요소를 개념화하고, 이들 요소에 대한 다양한 조작을 이 표현체계란 개념공간 위에서 시도하여, 그 결과를 현실과 비교함으로써 표현체계가 제시한 개념 요소와 조작이 타당한지를 검증하는 것입니

다. 수학적으로 말하자면 현상의 연산자(operators)와 피연산자(operands)를 찾는 작업이라고 하겠지요.

이러한 표현체계를 구축하여 적용하는 가장 대표적 경우가 앞에서 언급한 입자물리학입니다. 입자물리학은 물질을 구성하는 입자를 양자, 중성자, 소립자 등으로 개념화하여 이름 붙이고, 이들에 대한 수학적 조작을 통해 그들이 가지는 관계와 변화의 과정을 유추합니다. 그리고 이를 현상에 대한 관찰과 측정을 통해 검증하고 있는데, 조직현상에 대한 오행적 표현체계 구축도 결국 유사한 방식으로 진행되어야 할 것으로 예상할 수 있겠습니다. 아울러 이러한 복합적 표현체계가 구축되어야 비로소 이를 바탕으로 뒤에 나오는 조직 이상현상의 진단과 처방, 오행경영의 효용과 성과를 논의할 수 있겠습니다.

방법론 과제 8:
조직 이상현상을 어떻게 진단하고 처방할 것인가
– 오행적 진단과 처방의 원리 –

조직현상의 오행적 표현체계가 구축되면 다음으로 제기되는 문제는 조직 이상현상에 대한 진단과 처방 문제입니다.

오행에 있어서 이상현상은 앞에서 서술한 대로 氣의 넘침과 모자람, 곧 태과(太過)와 불급(不及)의 문제이고, 이러한 기의 태과와 불급은 체질의 개념으로 연결됩니다. 그래서 조직 이상 현상 진단과 처방의 핵심은 다음과 같이 정리할 수 있겠습니다.

> ① 조직 이상현상은 조직오행의 균형이 깨어짐을 의미한다.
>
> ② 오행의 균형이 깨어진다는 것은 오행 요소가 가진 氣의 지나침(태과) 혹은 모자람(불급)에 기인한다.
>
> ③ 요소의 태과와 불급은 조직의 체질이란 맥락 위에서 고찰되어야 한다.
>
> ④ 조직의 체질은 四象체질 등에서 취사 유비할 수 있다.
>
> ⑤ 조직 진단을 통해 조직체질과 균형을 깨뜨리는 오행 요소가 식별되었을 경우, 이 오행 요소에 대한 처방은 상생·상극 원리와 보사법칙을 따르게 된다.

조직 이상현상을 이처럼 오행 균형 관점에서 기의 태과와 불급으로 본다고 했을 때, 그 이상현상을 진단하기 위해서는 그 기의 태과와 불급이 어떤 양상으로 나타나는지를 먼저 적시해 둘 필요가 있습니다. 바로 우리가 앞서 氣의 평기, 태과, 불급 세 가지 상태를 논의하면서 다루었던 문제인데, 한 마디로 조직 이상현상의 분류체계를 구축하는 작업이라 하겠습니다.

조직 이상현상은 또한 단순히 개별 요소의 태과와 불급뿐 아니라, 앞에서 살펴본 대로 전체 오행이 가지는 균형의 문제이기도 합니다. 그래서 이러한 오행 전체에 대한 통합적 맥락적 진단도 함께 수행되어야 하겠습니다. 현재 이러한 통합적 맥락적 진단을 어떻게 수행할지에 대해서는 아직 뚜렷한 방향이나 지침은 없는 상태이며, 이에 대한 구체적 방법과 절차 개발 역시 방법론적으로 해결해야 하는 문제입니다.

조직 이상현상 진단뿐 아니라 이에 대한 **처방**을 내리는 데 있어서도 고민해야 할 문제가 많습니다. 우선 처방의 기본 전제를 분명히 해야 하는데, 여기서 두 갈래로 방향이 나누어집니다. 바로 한의학에서 나타나는 처방의 갈래이기도 한, 하나는 오행 상생·상극에 기반한 전통의학적 처방이고 다른 하나는 체질 개념에 입각한 체질의학적 처방입니다.

전통의학적으로 가장 보편적인 처방은 앞에서 살펴본 대로 상생·상극 원리에 입각한 보사법칙입니다. 보(補)하려면 사관보모(瀉官補母)하고, 사(瀉)하려면 보관사자(補官瀉子)하라는 일반 원칙인데, 여기서 중요한 것은 보(補)와 사(瀉)의 의미입니다. 조직현상에서 보(補)하고 사(瀉)한다는 것이 구체적으로 무엇을 뜻하는지, 그 의미를 분명히 설정할 수 있어야 보사처방이 제대로 된 역할과 기능을 하게 될 것입니다.

체질의학은 진단과 처방에 있어서 전통의학과는 다소 다른 접근을 하고 있습니다. 체질에 따른 이상현상과 이에 대한 처방을 미리 준비해 두고 있다는 것이지요. 그래서 체질의학의 요체는 체질 자체를 식별하는 것이며, 일단 체질이 식별되면 체질별 이상현상을 예상할 수 있고 이에 따른 처방도 따라 나옵니다. 이것은 앞서 전통의학적 진단 처방과 비교한다면 보다 더 정형화된 접근이라 할 수 있으며, 이를 조직에 적용시킨다면 한편으로는 조직체질 식별 방법을 정교화하고, 다른 한편으로는 각 체질에 따른 이상징후와 이에 대한 처방의 경험을 체계적으로 축적해 나가는 문제가 되겠습니다. 이것은 다음의 임상과학으로서의 오행경영론 정립 문제로 이어집니다.

> **방법론 과제 9:**
> **오행경영론을 어떻게 실천분야로 정착시킬 것인가**
> – 오행의 임상과학화와 오행 실천체계 구축 –

방법론적으로 앞의 과제들이 마무리되면, 곧 오행 측정도구와 표현체계를 구축하고 진단과 처방의 원리를 찾게 되면, 그 다음으로 나오는 것이 이를 하나의 **실천분야**로 정착시키는 문제입니다. 오행경영론을 단순히 이론이나 개념에 머물게 하지 말자는 것이지요. 이를 위해서 해야 할 일은 두 가지입니다. 하나는 조직오행을 **임상과학화**(*clinical discipline*)하는 작업이고, 다른 하나는 조직오행 **실천체계**(*disciplinary matrix*)를 구축하는 작업입니다.

조직오행의 임상과학화란 조직현상의 오행적 진단과 처방과 결과가 하나의 임상 케이스로 기록되고 축적되고 공유되는 체제를 갖추는 것입니다. 이것은 물론 아직 본격적으로 논의하기에는 시기상조고 실현도 요원한 문제라고도 할 수 있겠습니다만, 그래도 오행경영론을 정착시키는 데 있어서 분명히 짚고 넘어가야 하는 문제가 되겠습니다. 이러한 조직오행 임상과학화에 있어서 가장 중요한 것은 기록과 축적과 공유에 대한 공동의 노력입니다. 오행 진단과 처방의 결과가 어떠한지를 세밀하게 관찰하고 추적해서 기록으로 남기고 이를 통해 임상의 경험이 축적 전수 공유되게 하는 노력인데, 소위 실천분야로서의 오행을 정착시키는 데 필수적인 과제이며, 뒤에 나오겠지만 이것은 경영 커뮤니티 전체의 동의와 협력 위에서만 가능한 일이라 하겠습니다.

오행의 임상과학화와 더불어 시작해야 하는 것은 오행 실천체계 구축입니다. 오행 임상을 통해 축적되는 지식과 경험을 바탕으로 오행의 실천 프랙티스를 보다 체계화시켜가는 작업인데, 예를 들어 의학이 외과, 내과, 소아과 등으로 나누어지는 것처럼, 오행에서도 이런 세부 실천분야로의 분화가 일어나면서 소위 실천과학으로서의 체계를 갖추는 노력이 필요하겠습니다.[77]

> **방법론 과제 10:**
> **조직 오행경영론 정립을 위한 사회의 역할과 책임은 무엇인가**
> – 교육제도와 실천주체 –

오행경영론 정립에 있어서 마지막으로 던져야 할 질문은 이 것을 위해 우리 사회가 무엇을 할 수 있는가라는 질문입니다. 오행경영론 정립의 대전제는 앞에서 지적한 대로 우리가 가진 세계관 우주관을 소위 서구적 觀에서 동양적 觀으로 바꾸는 것 입니다. 이것은 단순히 새로운 경영이론이나 조직이론 구축의 문제를 넘어서서, 보다 근본적으로 우리 사회를 지탱하는 이념 적 토대 자체를 건드리는 문제라 하지 않을 수 없겠습니다. 현 재 우리 사회의 제도와 규범, 가치와 문화, 사상과 철학은 철 저히 서구적 觀 위에서 세워지고 있으니까요. 결국 오행경영론 정립이란 문제는 어느 누구의 몫이 될 수 없고, 우리 사회 전체 가 나서서 어떤 역할과 책임을 감당해 주지 않으면 해결할 수 없는 문제입니다.

이처럼 오행경영론 정립에 있어서 사회적 국가적으로 요구되

---

77 참조: Wallace, W.L., Towards a Disciplinary Matrix in Sociology. *In Handbook of Sociology*, ed. N. Smelser, p.23~76, Newbury Park, CA: Sage, 1988

는 역할과 책임은 크게 **교육**의 문제와 **실천**의 문제로 나누어볼 수 있겠습니다.

주지하다시피 우리 사회는 초중등교육에서부터 대학교육에 이르기까지 현대인으로서의 기본 양식을 교육하는 공식 교육과정을 가지고 있습니다. 국가가 감독해서 설계하고 운영하는 공인된 교육 커리큘럼이지요. 그런데 동양적 觀은 이러한 우리 사회의 교육과정에서 철저히 소외 배제되고 있습니다. 초중등 과정에서는 동양 예절 교육 정도에 그치고 있고 대학에서는 교양이란 이름으로 가르쳐지기는 하나, 이것들을 동양적 觀 교육에 대한 국가 사회 차원의 진지한 시도로 보기는 어렵습니다. 그래서 전체적으로 우리 사회에서 동양적 觀 교육은 완전히 실종되었고 아예 흔적도 찾을 수 없다는 것이 맞는 말일 것입니다.

엄연히 우리가 가진 수천 년 역사와 맥을 같이하면서 우리 삶의 곳곳에 그 자취가 남아 있다고 우리 스스로 인정하는 동양적 觀이, 정작 우리의 공식 교육과정에서는 이렇게 철저하게 무시되고 배제되어 있다는 것이 따지고 보면 놀라운 일이며, 또한 심히 부끄러운 일이 아닐 수 없습니다.

그래서 일차적으로 필요한 것은 동양적 觀 교육을 우리의 공식 교육 커리큘럼 안에 집어넣는 일입니다. 그런데 이처럼 동양적 觀을 도입하는 데 있어서 진입장벽이 그나마 낮은 과정이 아마도 **대학교육** 과정이 아닌가 싶습니다. 초등과 중등 교육 과정은 현재 교과과정 자체가 너무도 철저하게 서구적 觀에 기반해서 설계되어 있고, 또 대학입시라는 사회적 문제와 밀접히 연계되어 있어서 여기에 동양적 觀을 집어넣는다는 것이 결코 간단한 문제가 아닐 것으로 보이기 때문입니다. 국가교육정책 차원에서 상당한 준비 작업도 필요하겠고요.

그래서 동양적 觀의 소개, 또 그 觀에 기반을 둔 사유체계 전개는 일단 대학교육 과정에서 시작되어야 할 것으로 보이며, 지금 우리의 관심이 경영이고 조직인 만큼, 경영학 분야가 일차적 대상이 될 수 있지 않을까 생각하게 됩니다. 한 마디로 동양적 경영학 교육 커리큘럼과 프로그램 개발이 되겠지요. 앞으로 국내 경영학계에서 이런 용기 있는 시도가 나오기를 기대해 봅니다. 물론 정부와 사회의 적극적 지원과 참여가 요구되는 시도입니다.

교육과 더불어 우리 사회가 해야 하는 또 다른 일은 **실천**이 되겠습니다. 이것은 오행과 동양적 觀을 실제 경영 현장에서 실천하는 것인데, 중요한 것은 누가 이것을 실천할 것인가, 곧 실천 **주체** 문제입니다.

현재의 경영 현실로 보았을 때 가장 일차적 역할을 감당해야 하는 주체는 **경영컨설팅** 기업들이 아닐까 싶습니다. 주지하다시피 현재 우리의 경영 프랙티스는 공공이든 기업이든 서구 경영이론의 틀을 벗어나지 못하고 있으며, 그래서 경영 프랙티스만 놓고 본다면 우리는 결코 선진국이라 할 수 없습니다. 누군가가 이 틀을 깨고 나와서 경영의 새로운 패러다임을 고민하고 실험해야 하겠는데, 그 일차적 주체는 경영컨설팅 기업이 되어야 하지 않겠나라는 것이지요. 이들이 실제 경영현장에서 동양적 觀에 기반한 경영이론들을 개발하고 적용하고 실천할 수 있어야 한다는 것입니다. 물론 이것은 당장 클라이언트의 경영문제를 해결해 주어야 하는 컨설팅 기업 입장에서 보자면 상당한 용기를 필요로 하는 시도임은 분명합니다만, 그들 외에 이런 역할을 감당해 줄 수 있는 주체는 없는 것이 현실입니다. 이런 용기 있는 시도가 국내 경영컨설팅 커뮤니티에서 나오게 되기를 역시 기대해 봅니다.

다음으로 실천의 마지막 보루가 되는 주체는 역시 학계가 아닐 수 없습니다. Kuhn이 말한 것처럼 과학이란 지식적 현상이기도 하지만 그에 못지않게 사회적 현상이며, 그래서 학계란 어떤 패러다임에 경도(commit)되어 이를 실천하고자 모인 사회적 집단입니다. 이런 사회적 집단의 형성이야말로 과학 발전을 이끌어가는 동인이 된다는 것이지요. 오행경영론 정립에 있어서도 마찬가지입니다. 결국 오행과 동양적 觀에 학문적 승부를 거는 학자적 집단의 출현이 있을 때, 비로소 동양적 경영학이란 새로운 패러다임이 탄생한다고 하겠습니다.

이 많은 과제를 남기면서 우리가 출발한 조직오행이란 사유의 여정을 마칩니다.

나가면서

　동양적 경영학 모색이란 명제는 사실 정년퇴임 이후에나 시작할 수 있을 것으로 생각하고 미루어 두었던 숙제였습니다. 대학 강단에 서는 사람으로서 연구 강의 봉사로 이어지는 만만치 않은 일상적 요구에 부응하면서, 정작 전공과 전혀 무관하다고 할 수밖에 없는 음양과 오행과 주역을 붙들고 있을 여유도, 명분도, 또 딱히 보상도 없었기 때문입니다.

　그러던 2009년 늦가을 어느 날, 한 청년 실업가 Y의 방문을 받았습니다. Y는 작은 비즈니스 IT 컨설팅 사업체를 경영하는 사람으로, 제가 평소 IT 관련 사업의 심의와 평가를 수행하면서 알게 된 분인데, 클라이언트가 가진 문제에 대한 접근과 고민이 남달리 진지해서 몇 차례 안 되는 만남에도 불구하고 상당히 깊은 인상을 가지고 있었던 분이었습니다. 일반적으로 컨설팅 업체라는 것이 클라이언트 문제에 대한 진지한 고민 없이 대충 공허한 약속과 허황된 솔루션만 던지고 가는 경우가 대부분이니까요.

　그런데 그날 Y는 매우 이색적 제안을 내놓았습니다. 솔직히 선뜻 이해되지 않는 제안이었지요. 그 제안은 일종의 연구활동 지원 제안인데, 특이한 것은 아무런 조건이 없다는 것이었습니다. 아무런 조건이 없다니 그게 도대체 무슨 뜻이요, 여러 차례 캐물었지만 돌아오는 대답은 그냥 아무런 조건 없이 연구활동을 지원하고 싶다는 것이었습니다.

일단 생각해 보자고 Y를 돌려보내고 나서 이런저런 생각에 빠졌습니다. 일반적으로 대학과 기업은 산학협동 형태로 연구용역을 체결합니다. 기업이 가진 현장의 문제를 해결하는 솔루션을 대학에 의뢰해서 개발하는 것이지요. 그런데 Y가 제안한 것은 이런 일반적 연구용역이 아니었습니다. 그렇다고 소위 말하는 자문교수 형태도 아닌 것이, 자문교수란 기업의 경영 상황에 대한 정례적 분석과 조언의 책무를 가지는데, 이 역시 Y가 바라는 바는 아니었습니다.

이렇게 고민하던 중에 점차, 혹시 Y가 원하는 것이 이런 것일 수 있지 않을까 하는 어떤 그림이 그려지기 시작했습니다. 그 그림은 이렇습니다. 미국에 MacArthur Foundation이란 기구가 있습니다. 여기서 매년 20~30명 정도의 사람을 MacArthur Fellow로 선정해서 한 사람당 50만 달러란 적지 않은 연구비를 지원합니다. 그런데 이 지원의 조건이 소위 말하는 no strings attached, **무조건입니다**. 그리고 지원 기간도 일회성이 아니라 5년이나 됩니다. 유일한 조건이 있다면, 무언가 여태껏 아무도 해 보지 않은 **창의적** 작업을 하라 정도가 되겠는데, 어쨌든 이 지원을 받는 사람들에게는 그야말로 *Dream Comes True*가 아닐 수 없습니다. 모든 경제적, 사회적 부담에서 해방되어 오직 자기가 하고 싶은 일에 온전히 매진할 수 있다는 것은 정말 믿기지 않는 축복이 아닐 수 없지요.

어쨌든 Y의 제안을 이리저리 뒤집어보면서 혹시 이런 MacArthur Fellowship류의 지원을 염두에 둔 것이 아닐까 하는 생각을 하게 되었고, 다시 Y를 만나서 이 생각이 틀리지 않았다는 것을 확인하게 되었습니다. 나중에 안 일이지만, Y 역시 미리 지원의 아이디어를 가지고 있었던 것은 아니라고 합니다. 다만 사업을 통해 얻은 재화로 무언가 사회적으로 가치 있는 일을 하고 싶었고, 그것이 어떤 형태가 될지 딱히 구체적 아이디어 없이 우선 생각나는 대로 저를 찾았다고 합니다. 국내에는 이런 무조건적 연구지원이란 이름으로 참조할 수 있는 선례가 없었으니까요.

Y가 목적하고 의도한 바가 무엇인지 알게 되면서 학자로서 남다른 감동을 느꼈습니다. 아하, 이런 발상이 이제 한국에서도 나타날 수 있구나 하는 감동이었습니다. 기업의 사회적 책임과 기여라는 이름으로 연구지원이 없지는 않지만, 대부분은 홍보용 혹은 구색 맞추기용에 지나지 않는 것이 보통입니다. 그런데 이처럼 순수한 동기와 열정에 기반한 사회기여 발상이

등장한다는 것 자체가 감동이었습니다.

이야기가 길어졌습니다만, 이렇게 남다른 감동 속에 시작한 것이 이 **동양적 경영학 모색**이란 작업입니다. 저는 이 작업을 시작하는 데 있어서 **창의적 시도**를 작업의 핵심 가치로 잡았습니다. 제가 그동안 다루어 온 연구 주제들 중에서 현실적 활용이나 시사점으로 보자면 이보다 우선되는 주제도 많겠지만, 저는 구태여 동양적 경영학을 주제로 삼기로 했습니다. 그것이 창의적 시도라는 작업의 정신에 가장 부합하는 주제라 여겨졌기 때문입니다. 앞서도 말했지만 동양적 경영학 모색이란 주제는 이런 파격적 조건, 다시 말해서 현실적 조건이나 단서가 붙지 않은 무조건적 지원이 아니었다면 결코 시도가 쉽지 않았을 주제입니다.

그 창의적 시도를 이제 미흡하나마 마무리지으면서 제가 바라는 바는 두 가지입니다. 하나는 국내 경영학계가 이 동양적 경영학 정립이라는 화두에 동참하는 것입니다. 그래서 동양적 경영학을 단순히 서양 경영학의 일개 지류나 분과가 아닌 경영학의 본류로 자리매김하는 것입니다.

다른 하나는 저로 하여금 이 작업을 시작하게 만든 그런 창의적이고 용기 있는 지원이 더 많아지는 것입니다. 저는 한동안 책의 부제를 '**대한민국 창의성 프로젝트 #1**'이라고 거창하게 붙일까도 생각했는데, 사실 따져보면 그런 부제를 받아 마땅한 대상은 이 책이 아니라 이 책을 세상에 나오게 한 Y의 연구제안, 그 용기 있는 발상이라 하지 않을 수 없겠습니다.

그래서 이 책을 그 **창조적 발상**에 바칩니다.

2010년 겨울, 불암산 자락에서

厚義 전성현 씀

참고문헌

- 고회민 지음, 정병석 옮김, 주역철학의 이해, 문예출판사, 1995.
- 김형효 외, 노자에서 데리다까지: 도가철학과 서양철학의 만남, 예문서원, 2001.
- 김교빈, 박석준 외, 동양철학과 한의학, 아카넷, 2003.
- 김교빈, 이정우, 이현구, 김시천, 기학의 모험, 들녘, 2004.
- 김동영, 이 땅에 韓醫學은 없다, 산해, 2006.
- 박재주, 주역의 생성논리와 과정철학, 청계, 1999.
- 박용규, 입체 음양오행, 태웅출판사, 2005.
- 오하마 아키라 지음, 이형성 옮김, 범주로 보는 주자학, 예문서원, 1997.
- 이경숙, 기의 여행, 도서출판 구름, 2009.
- 이성환, 김기현, 주역의 과학과 도, 정신세계사, 2009.
- 이지훈, 예술과 연금술, 창비, 2004.
- 이진경, 노마디즘: 천의 고원을 넘나드는 유쾌한 철학적 유목, 휴머니스트, 2002.
- 장립문 주편, 김교빈 외 옮김, 기의 철학, 예문서원, 2004.
- 전성현, 뉴 비즈니스 모델: 신경제 시대의 가치창출 관계구조, 집문사, 2001.
- 주석원, 8체질 의학의 원리, 통나무, 2007.
- 프랑수아 줄리앙 지음, 박희영 옮김, 사물의 성향, 한울, 2009.
- 프랑수아 줄리앙 지음, 유병태 옮김, 운행과 창조, 케이시 아카데미, 2003.
- 한국동양철학회 편, 동양철학의 본체론과 인성론, 연세대학교 출판부, 1982.
- 한동석, 우주 변화의 원리, 대원출판, 2003.
- Graham, A.C. 지음, 이창일 옮김, 음양과 상관적 사유, 청계, 2001.
- Katz, D., and Kahn, R.L., Organizations and the System Concept, *The Social Psychology of Organizations*, Chapter 2, New York, John Wiley and Sons, 1966.
- Lawrence, P.R. and J.W. Lorsch, *Organization and environment: managing differentiation and integration*, Boston, Harvard University, 1967.
- Miles, R.E. and C. Snow, *Organizational Strategy, Structure and Process*, New York, McGraw Hill, 1978.
- Miller, J.G., *Living Systems*, Colorado, 1978.
- Mintzberg, H., *The Rise and Fall of Strategic Planning*, Free Press, 1994.
- Wallace, W.L., Towards a Disciplinary Matrix in Sociology. *In Handbook of Sociology*, ed. N. Smelser, p.23~76, Newbury Park, CA: Sage, 1988.

오행경영론을 출간하면서

 지난 20여년간 전략경영에 관련된 책자를 30여종 출간해 오면서 느끼는 점이 있었습니다. 그것은 대부분의 전략경영 이론이나 실천적 전략기법들이 근본과 핵심을 다루기보다는, 당면하고 있는 현상에 대하여 문제해결적 대응에 초점을 맞추고 있다는 점입니다.

 조직의 생사를 결정하는 기업전략이나 사업전략의 전개에 있어서도 서로 다른 영역에서의 충돌이 발생할 경우, 그에 대한 문제해결이 용이하지 못합니다. 예를 들면, 품질전략과 원가전략이 상충할 경우, 둘 중의 한 가지를 선택 또는 포기하여야 합니다.

 이와 같은 전략논리는 차별화와 선택적 집중을 추구하게 하며, 여타의 전략요소들은 간과하게 합니다. 이로 인해 한 가지는 달성하게 되지만, 다른 필수불가결한 전략요소들은 등한시하게 되어 현실적으로 지속가능한 경영을 저해합니다. 대부분의 전략경영의 논리가 이러한 맥락에서 논리적 맹점을 내포하고 있으며, 현실적으로 자충수를 두어왔음을 주목할 필요가 있습니다.

 이러한 현실에서 오행경영론의 원고를 접하였을 때, 첫 느낌은 참으로 놀랍고 반가웠습니다. 그것은 기존의 전략경영 논리와 체계에서 간과하고 있는, 기업과 조직 전략요소들의 상생관계와 상극관계에 대한 착안점과 그 전개논리가 제시하는 효용성 및 실천적 적용가능성이 무궁무진하였기 때문입니다.

한때 맥킨지의 7S류의 기업과 전략의 혁신기법은 초기 전략경영의 구조적 전개논리를 원용한 것이었습니다. 최근의 엔터프라이즈 아키텍처에 관한 전략적 접근의 프로세스에서도 전략경영의 기본적 논리가 그대로 적용됩니다. 그러나 예를 들어 시스템과 전략이 충돌할 경우, 무엇을 중심으로 어떻게 해결하고 대응해야 할 것인지에 대한 판단은 용이하지 못하였습니다.

조직을 이끄는 요소들과 전략이 충돌하거나 또는 문화와 정보간의 갈등이 있는 경우에도, 서로 충돌하고 있는 요소들을 어떻게 대응할 것인지에 대한 판단은 모두 경영층의 전략적 의사결정으로 미뤄져왔습니다.

그러나 경영층의 전략적 의사결정에서도 무엇을 어떻게 해야 할 것인지에 대한 판단의 기준과 대응의 원칙은 명확하게 제시되지 못하고 늘 블랙박스로 남겨졌습니다. 이에 대한 해결책의 단서와 실천의 전개논리를 바로 이 오행경영론에서 찾을 수 있게 되었으니 참으로 반갑고 행복합니다.

전성현 교수는 세미나나 강연에서도 늘 논점의 핵심과 본류를 잃으면 혼란스러워지고 제대로 힘을 발휘할 수 없다는 점을 강조합니다. 그뿐만 아니라 현상에 대하여 근본과 핵심을 찾는 질문을 결코 놓치지 않습니다. 서구적 분석논리로 무장한 미국 명문대학의 교수들이 전성현 교수의 코멘트에 대하여 경탄하는 이유가 여기에 있습니다. 그와 같은 엄격하고 집요한 지식탐구의 정신이 난해한 동양철학의 관점을 재해석하고 경영으로 접목시켜 오행경영론을 탄생시키게 되었다고 생각합니다.

이 책에서 언급하는 조직오행의 상생명제와 상극명제, 조직 사상체질에 관한 착안과 논리전개, 분석논리는 기업의 경영자와 관리자를 비롯하여 산업계와 학계, 컨설턴트들에게도 유용한 착안점을 제시하고 있습니다. 우리 기업 및 산업의 경영 패러다임을 획기적으로 변혁하고 유용한 성과를 거둘 수 있기를 진심으로 기대합니다.

저자와의 인터뷰에서 저자는 아주 조심스럽게 우리에게 경영학은 있는가라는 근원적 질문을 던졌습니다. 그 질문을 받고 한동안 말문이 막혔습니다. 그 충격을 함께 나누고 우리의 경영학을 여러분들과 함께 모색하고 발전시키기 위한 마음에서 그 질문을 그대로 표제어로 붙였습니다.

오행경영론을 토대로 후속 책자가 빨리 나왔으면 하는 바람입니다.

박동준 (소프트전략경영연구원장)

저자소개

전성현은 서울대학교 조경학과를 졸업하고 미국 University of Minnesota에서 경영학(MIS)으로 박사학위를 취득하였다. 국민대학교에 부임하여 교수로 재직하면서 경상대학장과 정보과학대학원장, 비즈니스 IT 전문대학원장 등을 역임하였다.

한국경영정보학회 창립멤버로 부회장과 경영정보학연구 편집위원장을 역임하였고, 한국ITA학회 창립멤버로 회장과 고문을 역임하였다.

지식경영에 대한 연구로 한국경영정보학회 IBM 최우수 논문상을 수상하였고, 뉴 비즈니스 모델에 대한 저술로 문화관광부 우수학술도서상을 수상한 바 있다.

미국 University of Minnesota 조교수와 Claremont Graduate University 교환교수를 거쳤고, 정부의 국가정보화 평가위원, 국가EA 전문위원, 미래전자정부 전문위원 등으로 활동하였으며, Marquis Who's Who 세계인명사전에 등재되었다.

[저자 연락처]
• 서울 성북구 정릉동 861-1 국민대학교 경영대학 경영정보학부 (136-702)
• juhn@kookmin.ac.kr

찾아보기